選挙管理事務における
ミス発生事例集II

監修 **小島勇人**

一般社団法人 選挙制度実務研究会 代表理事
総務省管理執行アドバイザー／主権者教育アドバイザー
市町村職員中央研修所（市町村アカデミー）客員教授

監修にあたり

　改めて指摘するまでもなく、選挙管理事務は本来、
瑕疵なく正確に遂行されなければなりません。しかし
実際には、選挙のたびに多くのミスが発生しています。
とくに近年ミスは増加傾向にあり、令和元年7月の参
議院議員通常選挙では、その数は200件に達しました。
またこれまでには、担当者の検挙や辞職にまで発展し
た重大な事例も発生しています。

　なぜミスが起き、そしてなくならないのでしょうか。
その理由は一つではありません。

　まず、選挙制度の多様化が挙げられます。近年、不
在者投票や期日前投票の制度が浸透し、これを利用す
る人が増えました。また、平成27年には選挙権年齢の
引き下げとこれに伴う選挙人名簿の登録制度の改正が
あり、その後の投票環境の向上方策その他重要な改正
が相次ぎ、選挙管理事務が複雑化してきていることは
否めません。

　そして自治体職員のジョブローテーションの早まり
もあり、スキルが身につきにくくなっていることが挙
げられます。加えて、期日前投票所の増設が求められ
るなどにより必要人員が増加傾向にあり、初めて選挙
管理事務に携わる人が多くなっていることも一因でし
ょう。

しかし、だからといってミスをしてもよいということにはなりません。選挙に少しでも瑕疵があれば、選挙人の皆さんが投じた貴重な一票を無駄にしてしまうおそれがあります。選挙管理委員会の使命は、国政や県政、市政などに対し有権者の声を届けることにあり、この使命を果たすためにはどんなミスも絶対に許されないのです。

　そのためのいわば危機管理に役立つのが、過去の問題事例の研究といえるでしょう。現実に"まさか、そんなことが"と思うような事例が数多く発生しており、ここから学ぶことは多いはずです。問題事例を"自分ごと"として捉えて対策を立て、ミスの予防に努めることが肝要といえます。

　本書が選挙管理事務の執行に携わる皆さんにとって、事務を詳細に見直すきっかけとなり、信頼される選挙執行のための一助となれば幸いです。

令和2年7月

一般社団法人 選挙制度実務研究会 代表理事
総務省 管理執行アドバイザー／主権者教育アドバイザー
市町村職員中央研修所（市町村アカデミー）客員教授

小島 勇人

目 次

●投票所入場券関係

●投票関係

●開票関係

●選挙公営関係

●投・開票における集計関係

●選挙犯罪関係

●その他

〈参考資料〉

凡　例

●本書は、主に平成27年以降公表された『管理執行上問題となった事項』をもとに編纂しました。

●事件の内容毎に「選挙人名簿関係」「啓発関係」「投票所入場券関係」「投票関係」「開票関係」「選挙公営関係」「投・開票における集計関係」「選挙犯罪関係」「その他」に分類しました。

●目次にある [期日前] [期　日] [不在者] [点　字] [在　外] は事件が発覚した時点における投票の種類を表しています。

> [選挙の分類] は次のとおりです。
> ○衆議院／小選挙区、比例代表
> ○参議院／選挙区、比例代表
> ○最高裁判所裁判官国民審査
> ○地方の議会議員、及び長

> [関係法令] は
> 公職選挙法等関係で当該事件に主に関係するものを掲載しています。

---

019 投票所入場券の記載の誤り（選挙名）

[選挙の分類] 衆議院／小選挙区・比例代表
[関係法令] 公職選挙法施行令第31条（投票所入場券及び到着番号札の交付）

投票所入場券に記載する選挙名を誤った。

　市選管が発送した約19,000世帯、41,839人分の投票所入場券に記載された選挙名に誤りがあった。本来、衆議院総選挙とすべきところ、衆議院通常選挙としていた。

●事件が起きた理由

　校正の段階での確認が不十分だった。

■事件における対処

　当該市選管は報道発表を行い、市のウェブサイトに記載誤りを掲載して周知。また、選挙啓発チラシにお詫び文を掲載して全戸に配布した。
　県選管は当該市選管に対し、適切な媒体等の活用により、至急周知を行うよう指示をした。

●類似事例

【事象】参議院通常選挙において、町選管が投票所入場券を作成する際、前年に行われた県議会議員選挙に使用した用紙を一部用いて印刷し、送付した。

【対処】当該町選管は県議会議員選挙と印字された投票所入場券は全て回収し、正しい投票所入場券を配布した。
　県選管は当該町選管に対し、再発防止に向けた事務処理体制の点検と見直しを要請するとした。また、各市町村選管には、担当者会議等を通じて注意喚起を行うとした。

> <本文>は
> 「事件の概要」「事件が起きた理由」「事件における対処」「類似事例」「特記事項」で構成していますが、事件によってこれらの項目のうち記載がないものもあります。

巻 頭 章

選挙の管理執行は
100点満点が当たりまえ

　選挙の管理執行は、本来瑕疵（かし）なく "100点満点" で完了しなければなりません。しかし、国政・地方を問わず選挙が執行されるたびに数多くミスが発生し右肩上がりに増え続けているのが現実です。

　選挙の管理事務は、公職選挙法等の法令で定められたとおりにその準備段階から立候補の受付、投票、開票、選挙結果の発表など、選挙期日後にわたる長期間、かつ投・開票日当日は早朝から深夜、あるいは未明に至るまで長時間にわたって選挙管理に従事しなければならないため、「失敗は許されない」という意識を持っていても、確認し忘れ、ふとした手違い、ちょっとした勘違い、集中力を欠如したことによるミスなどが発生する可能性は、残念ながら "ゼロ" とはいえません。また、多くの人員を必要とするため選挙事務に不慣れな者が携わる場面もあり、そのためにミスが発生する可能性もやはり "ゼロ" とはいえません。

　この現実をふまえた上でよりよい選挙の管理執行を行うためには、選挙のたびに発生するミスの一つひとつについて、なぜ起きるのかという原因を把握して対策を行い、ミスの予防に努めることが必要といえるでしょう。また、選挙管理の現場に携わるすべての者が常に緊張感を持って仕事に臨めるよう環境の整備に努めることも大切です。

多発する
"ちょっとした不注意" によるミス

　実際のところ、選挙のたびに起きる問題事例にはさまざまなものがありますが、多くは "ちょっとした不注意" によるミスです。

　たとえば、これまで多く発生しているのが、投票日当日における投票

用紙の『二重配布』や複数行われる選挙の投票用紙を取り違えて渡す投票用紙の『配布誤り』です。これは投票用紙を配布する際、自動交付機で２枚重なりそのまま交付されたり、事前の準備で異なる選挙の投票用紙を入れ間違ったことなどが原因で起きています。単純なミスと思うかもしれませんが、「一人一票」という選挙の大前提からすれば、選挙人の一票が無効になりかねない重大なミスといえます。

　また、選挙人名簿との対照ミスも頻発しています。このミスによりすでに自分の投票を行った選挙人が二重に投票をしたり、投票を行っていない選挙人が投票済みとされてしまうなどの事例があり、これらもまた「一人一票」の原則に抵触するおそれのある重大なミスといえるでしょう。

　このほか、投票所入場券の記載内容に誤りがあったり、正しい選挙人に交付されないなどの事例もあります。選挙公営では、選挙公報が正しく配布されないという事例も多く起きています。

　もうひとつ、“選挙管理に熟練した職員の不足”という側面も否めません。毎週のように日本中のどこかの自治体で選挙が行われていますが、自分の自治体や選挙区内で行われるのは１年に１回あるかないかというところがほとんどであるため、選挙の管理執行事務に熟練した職員が育ちにくい側面があるのは確かでしょう。

　「経験が不足しているために事務全体が見えにくい」、また「知識そのものが不足している」などで順当な手順で選挙事務が遂行されている場合には問題が起きにくくても、イレギュラーな場面で正しい判断ができない可能性が高まるといえます。たとえば、選挙人名簿に登録されていない人が投票所に訪れたときの対処方法の誤りにより、選挙人に不快な思いをさせるだけでなくせっかく投票しても無効につながる可能性が発生したり、開票時においては集計の方法を誤り、開票速報が遅れるなどの事例も多数起きています。

節目ごとのチェックで万全を期す

　では、このようなミスをなくすにはどうすればよいのでしょうか。選挙の管理執行におけるミスを防止するには、何より "現場をよく理解している管理職の目配りとチェック" が重要だといえるでしょう。

　選挙管理においては節目節目ごとに十分に確認し、正確さと適正を期さなければなりません。そこでチェックの基本は、"作業の節目ごとに、複数人員の目による確認をすること" です。

　チェックすることを、「これまで問題が起きたことはないから」「時間がないから」「面倒だから」などという理由で省いてはいけません。選挙の管理執行事務が複雑かつ繁雑になりすぎないよう留意しながらも、節目節目ごとに慎重にきめ細やかなチェックができるような体制を組むことが大切です。そのためには、どの節目でどのような問題が生じる可能性があるかを知り、あるいは予測して、対応することが重要だといえます。

　加えて、準備段階から長期間にわたる管理執行の期間中、そして長時間にわたる投・開票日当日において、緊張感を保ち、節目ごとに複数の目によるチェックをすることが大切です。

携わる人員の意識を高める

　しかし、管理職の目配りによるチェックを万全にするだけでは、100点満点の選挙の管理執行とはならないでしょう。実際に選挙管理に携わる者に "お手伝い感覚" ではなく、きちんと "自分の仕事" として「正しく公正な選挙事務を行う」という意識を持ちながら携わってもらうことが必要です。

　1年に1回あるかないかの選挙では "自分の仕事ではないから" "お手伝いだから" という意識になりやすく、こうした後ろ向きな意識がミ

スを誘発するのです。

　選挙の管理執行における精度を上げるには、個々の従事者が携わる選挙の管理執行事務の必要性やその目的を明らかにして、一つたりとも軽んじてよい仕事はないとの自覚とともに自信を持つこと、勝手な思い込みや勘違いを払拭し、一つひとつていねいに仕事をするという意識が必要だといえます。

マニュアルの精度を上げ、実践をふまえた研修で備える

　選挙の管理執行事務に係る内容は法令で細かく多岐にわたり規定され、また携わる人員も多いため、マニュアルによる周知徹底も重要な要素となります。そもそもマニュアルは作成されているのか、作成されているとして、マニュアルの内容に不足しているところはないか、読む人にとって解釈の違いが起きるような曖昧な記載になっていないか、事前の研修だけでなく現場でもすぐに読み返しやすく、必要な内容を探し出しやすい構成になっているかなどを確認しておくことが必要でしょう。また、たとえ自分の自治体の選挙管理委員会の管轄外の市町村で発生した問題であってもその事例をふまえてマニュアルを適宜修正し、精度を上げることも大切です。

　もちろん、マニュアルがあるからよいというわけではありません。事前にそれぞれの分担ごとに実際の仕事を想定して十分な研修を行って備えるべきです。

　また、マニュアルに文字として盛り込みきれない経験豊富で選挙管理事務のノウハウについて熟知したベテラン職員から若手職員にうまく伝えることも重要な課題のひとつといえるでしょう。

職員を守り、組織を守り、
選挙制度への信頼を守る

　選挙管理におけるミスは最悪の場合、選挙の無効につながる可能性も
あり、選挙無効となれば選挙のやり直しのため不必要な税金が再度投入
されることとなり、なんといっても選挙管理委員会や選挙制度に対する
信頼は大きく低下してしまいます。選挙の管理執行におけるミスは役所
の他の仕事に比べ、各方面に与える影響が甚大といえるのではないでし
ょうか。

　選挙の管理執行事務においてミスをしないことの意味は何か、「職員
を守ることであり、組織を守ることであり、そして選挙制度への信頼を
守ること」であります。そのためには日ごろから関係法令と実務の研鑽
や研修に努めることが大切ですが、加えて実際に起きた問題事例の研究
も欠かせません。過去の問題事例を学ぶことは、これまでの自らの選挙
の管理執行事務のあり方を見直し、反省する材料ともなり、それは選挙
事務における危機管理のひとつといえるものです。

　本書は、先に発行した事例集の続編とするものですが、その後の最新
の衆・参の国政選挙や統一地方選挙で発生した選挙管理執行上問題とな
った主な事例を「選挙人名簿」「啓発」「投票所入場券」「投票」「開票」
「選挙公営」「投・開票における集計」「選挙犯罪」「その他」に分けてま
とめました。本書の事例を他山の石とし、決して「他人事」ではなく自
分たち自身の問題として捉えていただき、同じような誤りを起こさない
よう努めていただきたいと願うところです。そして、さらなる選挙管理
の執行体制の改善に向けて検討を重ね、しっかり実践をしていくことが
何よりも求められるところです。

選挙人名簿関係

001 選挙人名簿の二重登録

選挙の分類 衆議院／小選挙区・比例代表
関係法令 公職選挙法施行令第12条（選挙人名簿の登録のための調査等）

転出した選挙人について、転入先に選挙人名簿登録の有無を照会せず、旧住所地と新住所地で投票所入場券が二重に発行された。

A選管は転入して3か月が経過した選挙人について選挙人名簿に登録をし、投票所入場券を送付した。しかし、当該選挙人は旧住所地の自治体のB選管に不在者投票用紙の交付を請求し、交付された。当該選挙人が、新旧両方の選管から送付された投票所入場券を持って新住所地の期日前投票所に来所したため、選挙人名簿の二重登録及び投票所入場券の二重発行が発覚した。

●事件が起きた理由

新住所地のA選管が旧住所地のB選管に確認したところ、B選管では新住所地の選管へ選挙人名簿の登録の有無の照会を行っておらず、「旧住所地宛ての登録通知」が来たもののみで選挙人名簿を整理していた。

■事件における対処

A選管はB選管が送付した投票所入場券を回収し、当該選挙人はA選管区内で期日前投票を行った。回収した投票所入場券はB選管に送付した。また、B選管以外の「旧住所地宛ての登録通知」が来たもののみで選挙人名簿を整理している選管には二重登録への対策を検討してほしいと要望した。

県選管は、各市町村選管には担当者会議等を通じて事例紹介を行うとした。また、二重登録の防止対策は全国統一の方法で実施する必要があるとした。

002 二重登録者の抹消誤り

選挙の分類 衆議院／小選挙区・比例代表、国民審査
関係法令 公職選挙法第21条（被登録資格等）第2項
公職選挙法施行令第31条（投票所入場券及び到着番号札の交付）

> 転出してから4か月を経過していないのに、選挙人名簿から抹消した。

　投票日当日、選挙人から市選管に対して投票所入場券が届いていないという連絡があった。調べたところ、当該選挙人は市外に転出後4か月を経過していなかったが、誤って選挙人名簿から抹消されていた。

■事件における対処

　当該市選管が確認したところ、当該選挙人を含め3人が誤って抹消されていた。当該選挙人については抹消を取り消し、旧住所地の投票所で投票をしてもらい、残りの2人についてはお詫び文書を送付した。

　県選管は、当該市選管からの報告を受け、投票者数確定時に当日有権者数の修正を行った。

003 二重登録照会の送信誤り

選挙の分類 衆議院／小選挙区・比例代表、国民審査
関係法令 公職選挙法施行令第 29 条（住所移転者の投票）

> 選挙人の情報を送信すべき選管ではなく、誤って一般企業に
> FAX で送信した。

　区選管は他市の選管から 3 人の選挙人の二重登録に関する照会があったため、その結果を FAX で回答した。しかし、FAX 番号を誤り、関係のない一般企業に送信した。当該企業から連絡があり、ミスが判明した。

■事件における対処

　当該区選管は 3 人の選挙人を訪問して事情を説明し謝罪した。また、FAX 送信の際には番号を複数人で確認するよう徹底するとした。
　県選管は当該市選管から事情を聞き取り、再発防止のための注意喚起を行った。

004 失権者の復権処理の誤り

選挙の分類 参議院／選挙区・比例代表
関係法令 公職選挙法第11条（選挙権及び被選挙権を有しない者）、第21
条（被登録資格等）、第27条（表示及び訂正等）
公職選挙法施行令第16条（表示の消除）

> 選挙人名簿の欠格表示を消除する選挙権復権の事務手続きをして
> いなかった。

区選管は選挙権が停止されていた選挙人の選挙権の回復について、1
年7か月前に当該選挙人の本籍地の自治体から通知文書を受け取ってい
たが、事務処理を怠り、選挙人名簿の表示を消除していなかった。

■事件における対処

当該区選管は、投票日5日前に気付いて表示の消除事務処理を行っ
た。併せて選挙人名簿の再点検を行ったところ、1年8か月前に選挙権
回復の通知を受けていた選挙人についても未処理だったことがわかり、
直ちに消除事務処理を行った。

市選管は当該区選管に対して選挙人名簿の適切な事務処理について指
導し、他の各区選管に対しても選挙人名簿の登録状況の再確認と適切な
事務処理について指導した。

県選管は、各市町村選管に情報を提供して共有し、再発防止に努める
とした。

●類似事例①

【事象】参議院通常選挙の投票日当日、選挙人名簿に失権の表示がなさ
れ基準日時点では失権していたが、公示日後に選挙権が回復した選挙
人が投票所に来所した。町選管では選挙権は基準日時点で回復してい

る必要があると認識していたため、投票はできないと説明した。その後当該選挙人が県選管に問い合わせ、投票日までに選挙権が回復していれば投票が可能であることがわかった。当該選挙人から午後7時ごろ当該町選管に問い合わせがあったため謝罪したが、投票所が閉まるまでに投票所を訪問できず、投票はできなかった。

【対処】当該町選管は県選管に報告し、翌日、当該選挙人への謝罪と報道発表を決定した。しかし直接の謝罪は当該選挙人から断られた。今後は正確な事務処理に努めたいとした。

県選管は当該町選管から事情を聞き取り、選挙の管理執行事務の再点検と改善の徹底を図り、再発防止に努めるよう助言を行った。

●類似事例②

【事象】参議院通常選挙の期日前投票所に選挙人が来所。期日前投票システムで名簿対照を行ったところ、失権中であるとメッセージが表示されたが、確認したところすでに復権していることが判明した。当該選挙人に対しては、復権以降に執行された4つの選挙について投票所入場券を送付していなかった。

【理由】失権者を復権させる事務処理は行ったが、処理誤りにより、選挙人名簿に復権者情報が正しく反映されなかった。

【対処】当該市選管は当該選挙人にお詫びをし、投票を行ってもらった。また、今後選挙人名簿等の事務処理では、更新処理後に名簿の再確認を行うとした。

005 選挙人名簿の登録誤り（表示登録制度対象者）

選挙の分類 参議院／選挙区・比例代表
関係法令 公職選挙法第21条（被登録資格等）第2項

> 市外に在住する18歳及び19歳の選挙人について、表示登録制度の対象者かどうかを確認せず、選挙人名簿に登録しなかった。

　市選管は選挙人名簿の選挙時登録の際、新たに選挙人名簿に登録される18歳及び19歳の665人に対し、居住実態の有無について調査を行った。このうち、市外に居住していると回答があった95人について、表示登録制度の対象者かどうかを確認せず、選挙人名簿に登録しなかった。

■事件における対処

　当該市選管では、判明したのが投票日の約2週間前であり、表示登録制度の対象者かどうかの確認に時間がかかることから、確認しないまま95人を補正登録した上で文書を送付し、表示登録制度に該当する場合は投票が可能であることを周知した。

　県選管は、表示登録制度の対象者かどうかを早急に確認し、対象者に該当する選挙人については補正登録を行い、投票が可能であることを周知するよう助言した。また、各市町村選管に対して注意喚起の通知を発出した。

●類似事例

【事象】市選管は参議院通常選挙の選挙時登録において、18歳及び19歳の選挙人名簿登録者数を県選管に報告する際、19歳の登録者を失念し18歳の登録者のみを報告した。そのため誤った数値で報道発表が行われた。

【対処】当該市選管は、報道発表を見て誤りに気が付き、県選管に修正を報告した。今後提出書類の点検をさらに確実に行うとした。

　県選管は、当該市選管からの報告を受けて、選挙人名簿登録者数の修正を発表した。各市町村選管には、担当者会議等を通じて事例を紹介し、注意喚起を行うとした。

006 在外選挙人名簿（在外選挙人証の処理漏れ）

選挙の分類 衆議院／小選挙区・比例代表
関係法令 公職選挙法施行令第23条の7（在外選挙人証の記載事項等）

　在外選挙人名簿に登録されている選挙人に対し、住所変更処理をしたものの在外選挙人証を当該選挙人に返送していなかった。

　在外選挙人名簿に登録されている選挙人から区選管に対して、海外における住所変更のため、在外公館を通じて記載事項変更届出書及び在外選挙人証が提出されていた。しかし、区選管担当者は住所変更の処理は行ったものの在外選挙人証を本人に返送しておらず、在外選挙人証を提示できない当該選挙人は衆議院総選挙執行時に選挙権を行使できなかった。当該選挙から2か月後、本人及び在外公館からの問い合わせで判明した。確認したところ、当該選挙人を含む12人の在外選挙人が該当していた。

■事件における対処

　当該区選管は、12人の選挙人について在外選挙人名簿の記載事項の変更を確認し、新たな在外選挙人証を送付。全員に対して文書による事情説明と謝罪を行った。

007 選挙人名簿登録者数の報告誤り

選挙の分類 参議院／選挙区・比例代表

関係法令 公職選挙法第22条（登録）第3項、第194条（選挙運動に関する支出金額の制限）
公職選挙法施行令第127条（選挙運動に関する支出金額の制限額）

選挙人名簿登録者数について誤って報告をした。

　市選管は、公示日前日の7月3日の選挙時登録日時点における選挙人名簿登録者数を報告する際、公示日の7月4日から選挙期日の7月21日までの間に転出から4か月経過するため抹消予定の人数を、7月3日までに抹消した人数に含めて報告した。このため、実際よりも122人少ない人数で報告した。

■事件における対処

　当該市選管は直ちに県選管に登録者数の誤りを報告した。

　県選管は、当該市選管から事情を聞き取り、選挙人名簿の登録者数の訂正と、関係する区選出議員選挙の法定選挙運動費用の訂正について報道発表を行った。各候補者にも法定選挙運動費用について連絡を行った。各市町村選管には、担当者会議等を通じて注意喚起を行うとした。

008 選挙人名簿が入った記録媒体の紛失

選挙の分類 県知事・県議会議員・市長・市議会議員
関係法令 公職選挙法施行令第 11 条（選挙人名簿を磁気ディスクをもつて調製する場合の方法及び基準）

> 選挙人名簿の登録情報と投票状況のデータが入った USB メモリを紛失した。

区選管は県知事選挙・県議会議員選挙、及び市長選挙・市議会議員選挙終了から 4 日後、当日投票に使用した選挙人名簿の照合用データが入った USB メモリを紛失した。

4つの選挙に使用した約 6,000 人の氏名、住所、性別、生年月日を掲載した選挙人名簿及び投票状況が記録されていた。なお、データはパスワードにより保護されていた。

■事件における対処

当該区選管は、選挙事務全般において USB メモリを含めた物品の確認作業を明確にし、適切な取り扱いを行うとした。

啓発関係

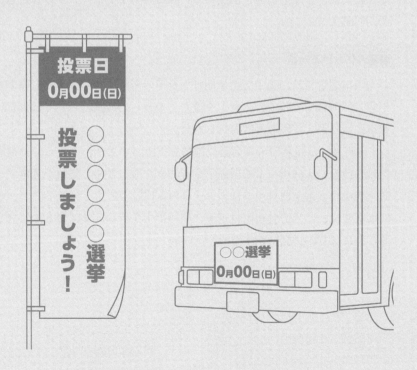

投票日
0月00日(日)

投票しましょう！

○○○○○○選挙

○○選挙
0月00日(日)

選挙の分類 県知事・県議会議員
関係法令 公職選挙法第6条（選挙に関する啓発、周知等）

啓発関係

> 選挙期日の投票時間を周知する広報車で、選挙期日前日までの期日前投票の啓発内容の音声を流した。

　市選管は選挙期日や期日前投票の日程を周知するため、広報車によりPRを行っていた。選挙期日用には、投票時間が20時までであることと、投票を呼び掛ける内容を用意していたが、音声の切り替えを忘れ、前日まで使用していた期日前投票の日程と場所をアピールする音声を約20分間流した。

■事件における対処

　当該市選管では、途中で選挙期日当日用の音声に切り替えて広報車を走行し、前日までの内容の音声を流して走行した経路については正しい音声に切り替えてから再度走行した。

　2週間後に市長及び市議会議員選挙を控えていたが、そちらでは選挙期日の前日に広報車による啓発活動を終えた後、使用していた音声データを削除し、選挙期日用の音声データのみにした。

　県選管は、県内の各市町村選管に情報提供を行い、ミス事案を共有することにより、再発防止に努めた。

010 選挙周知チラシの記載の誤り

選挙の分類 衆議院／比例代表
関係法令 公職選挙法第6条（選挙に関する啓発、周知等）第1項

> 選挙を周知するためのチラシで、比例代表の投票方法を誤って記載した。

市選管は衆議院総選挙の周知のため、期日前投票開始日に新聞折込でチラシを配布した。このチラシでは、比例代表の記載方法について「政党名」と表記するところを「候補者名または政党名」と表記していた。配布から2日後、市民からの通報により判明した。

●事件が起きた理由

前年に行われた参議院通常選挙の際に配布したチラシのデータを転用し、チェックしても気が付かなかったため。

■事件における対処

当該市選管は、期日前投票所で比例代表の投票用紙を交付する際、「政党名を記入」の声掛けを徹底するとし、期日前投票所に投票の仕方について掲示した。また、判明した翌日の新聞に訂正文を折り込み、ウェブサイトに訂正文を掲載、さらに選挙公報の配布時に新たに作成したチラシを配布した。

県選管は、当該市選管に対して選挙人が誤った投票を行わないための方策について助言し、適正な管理執行に留意するよう注意喚起を行った。

011 投票所変更周知チラシの記載及び配布の誤り

選挙の分類 衆議院／小選挙区・比例代表、国民審査

関係法令 公職選挙法第6条（選挙に関する啓発、周知等）、第39条（投票所）

> 同じ町字内に2つの投票区が存在する地域で、一方の投票区のみ投票所が変更になったが、対象区域名の掲載を誤った上、該当しない他方の投票区の地域にも配布して混乱を招いた。

　市内のA町1丁目とA町2丁目には、2つの投票区が存在しているが、区画整理や投票所に使用していた建物が使用不可になったことなどから、そのうち1つの投票区の投票所が変更になった。市選管は周知のため投票所変更周知チラシを作成して配布したが、変更の対象となる区域を「A町1丁目の一部、A町2丁目の一部」と記載すべきところ、「A町1丁目、A町2丁目」と記載した。また、当該全区域に配布したため、投票所が変更になっていない投票区の世帯にもチラシが配布され、選挙人の混乱を招いた。

■事件における対処

　当該市選管は、投票所入場券には正しい投票所が記載されていることから、誤って来場した選挙人がいた場合の対応について当該投票所の事務従事者に指示した。

　県選管は、再発防止について強く指導した。

012 誤って無投票を周知するチラシを配布

選挙の分類 町議会議員

関係法令 公職選挙法第6条（選挙に関する啓発、周知等）

啓発関係

有投票であったが、無投票を想定して作成していた新聞折り込みチラシを誤って配達してしまった。

町選管では、町議会議員選挙の無投票を想定して事前にチラシを用意していた。立候補の届出が定数を超えたため有投票で選挙が執行されることとなったが、誤って無投票を周知するチラシが町内の一部に配布された。

●事件が起きた理由

事前にチラシを2か所の新聞配達店に持ち込んでおり、そのうち1つの配達店に告示日に選挙の投票の有無が確定した段階で新聞に折り込むかどうかを連絡し、もうひとつの配達店にも伝達してもらうことにしていた。しかしこの伝達がうまくいかず、1つの新聞配達店で無投票を周知するチラシの折り込みを行った。

■事件における対処

当該町選管は配布された日の午前中に対象の全世帯を訪問し、訂正のチラシを配布した。また、立候補者全員に事情を説明して陳謝した。

県選管は、選挙が有投票で行われることの周知及び啓発を積極的に行うよう助言した。

013 啓発物品への投票開始時刻の記載の誤り

選挙の分類 参議院／選挙区・比例代表

関係法令 公職選挙法第6条（選挙に関する啓発、周知等）

> 配布した啓発用のポケットティッシュに記載した投票日当日の投票開始時刻が誤っていた。

市選管は公示日の翌日から12日間にわたり配布した啓発用ポケットティッシュ3,664個に、投票日当日の投票開始時刻を「午前7時～」と記載すべきところ、「午前8時30分～」と誤って記載した。印刷の校正時に誤りに気が付かなかったため、そのまま配布してしまった。

■事件における対処

当該市選管は、市のウェブサイト及び市内の各公共施設に、訂正とお詫びを掲出した。残ったポケットティッシュは、当該選挙での配布をやめ、封入する印刷物を差し替えて、別の選挙の啓発に使用することとした。

014 選挙公報を音訳化した CD の内容誤り

選挙の分類 参議院／比例代表
関係法令 公職選挙法第 6 条（選挙に関する啓発、周知等）

> 選挙公報を音訳化した CD の内容に誤りがあったが気付かず、そのまま送付した。

県選管は目の不自由な選挙人が投票しやすいよう、社会福祉法人が製作した選挙公報の内容を音訳化した CD を購入し、希望する個人などに送付した。しかし、その CD には、比例代表についてではなく、誤って前回の参議院通常選挙のデータが収録されていた。利用者からの指摘で判明した。

なお、本件の CD については、選挙啓発の一貫として、民間団体が製作したものを当該県選管が購入しているため、県選管においては事前の内容確認は行っていない。

●事件が起きた理由

製作した社会福祉法人の担当者がデータを取り違え、その後の聞き直しの際には音質の確認のみを行い、収録した内容そのものの突合を行っていなかった。

■事件における対処

県選管は、誤りが発覚した日の午後に記者会見を行い、翌日に正しいデータが入った CD を全ての送付先に再送付した。

015 選挙啓発冊子の配布の誤り

選挙の分類 衆議院／小選挙区・比例代表、国民審査
関係法令 公職選挙法第6条（選挙に関する啓発、周知等）

　選挙ごとに作成している啓発冊子に前回参議院通常選挙分が混入し、誤って配布してしまった。

　市選管は、8ページ建ての衆議院総選挙の啓発冊子を選挙特集号として作成し、業者に委託して、選挙公報と同時に全戸に宅配した。しかし、ある地区の配布員から未配布分に前回参議院通常選挙の特集号が混入していると報告があり、また、受け取った選挙人からも前回の特集号が配布されたという通報があった。

●事件が起きた理由

　制作関連の業者と配布委託業者に混入の原因や経緯を確認したところ、在庫分が混入した可能性が高いことがわかった。どちらの業者も前回、今回ともに制作の発注、配布の委託を受けている。

■事件における対処

　当該市選管は配布を行う人に対して前回参議院通常選挙のものが混入していないか確認するように指示。誤配布の可能性がある地域の世帯は、配布員が訪問して確認した。また、誤配布の発生と申し出により再配布を行うことを市のウェブサイトに掲載するとともに報道発表した。
　県選管は各市町村の選管に情報提供を行い、ミス事案を共有して再発防止に努めるとした。

016 投票所の繰上閉鎖時刻に係る周知不足

選挙の分類 衆議院／小選挙区・比例代表
関係法令 公職選挙法第 40 条（投票所の開閉時間）

> 台風による被害が予想されたため投票時間を 4 時間繰り上げたが、周知のための時間が短く、選挙人への周知が不十分となった。

　投票日当日、大規模な台風が接近しており、市の災害対策本部は午前7時の段階で大きな災害に至る可能性があると判断した。その状況下で通常通り午後8時まで投票を続けると、選挙人の安全はもとより、投票管理者、投票立会人、事務従事者などが投票所から移動する際にも危険が伴う可能性があるとし、午後2時、市選管に対して投票の締切時間を可能な限り早めるように要請した。

　市選管はこれを受け、午後2時30分に選挙人の安全確保の観点から市内全ての投票所について、午後4時に繰上閉鎖することを決定。公職選挙法には、選挙人の投票の便宜のため必要があれば4時間以内で投票終了時間を繰り上げできる規定があり、市選管では選挙人の安全の確保がそれに当たると判断した。

　そして各投票所の投票管理者等を通じて地域住民へ周知、防災行政放送、ウェブサイトでも告知するなど、活用可能な限りを尽くして周知を行った。しかし、決定が午後2時30分と、閉鎖の1時間30分前だったこともあり、結果として選挙人への周知が不十分となった。

■事件における対処

　当該市選管は、今後、類似の状況が生じた際には、積極的に期日前投票や安全な段階での早めの投票を呼び掛けるとした。また、市当局との連携を密にして災害の情報を共有し、周知が行きわたる時間などを考慮

した方針決定のタイミングについて再検討を行う必要があるとした。

　県選管は、今後は同様のことがないように注意し、投票所の閉鎖時刻を繰り上げる際には、選挙人に十分な周知が図られるように指導した。

投票所入場券関係

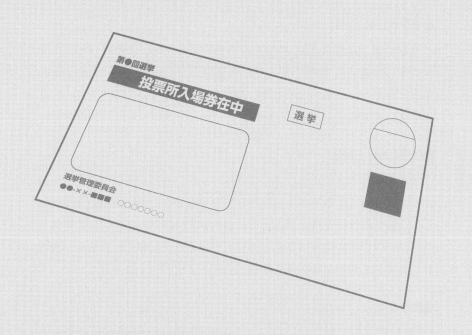

017 投票所入場券の記載の誤り（投票所名）

選挙の分類 衆議院／小選挙区・比例代表、国民審査
関係法令 公職選挙法施行令第31条（投票所入場券及び到着番号札の交付）第1項

> 投票所が変更になったのに、前年のデータを修正せず、投票所入場券に誤った場所を記載した。

　市選管が発送した投票所入場券のうち、A投票所で投票すべき選挙人（1,645世帯、3,640人）へ送付した投票所入場券にB投票所と記載していた。

●事件が起きた理由

　当該地域では従前からA投票所を使用していた。前年に行われた選挙の際には耐震工事中であったためB投票所を使用していたが、A投票所にもどして使用することとしたにもかかわらず、このデータが訂正されないまま印刷し、送付された。

■事件における対処

　当該市選管では発送前に誤りに気付いたが、既に郵便局に持ち込み済みで、取り戻し手数料が1通当たり570円かかることからそのまま送付し、改めてお詫び文書を発送した。お詫び文書には、正しい投票所名と送付済の投票所入場券はそのまま使用できる旨を記載した。また、投票日当日はB投票所に案内係を配置した。

●類似事例①

【事象】参議院通常選挙において、市選管が発送した投票所入場券の146投票区のうち39投票区分について、投票所の名称等に記載誤り

があった。

【理由】投票所入場券を印刷する際、新規導入したシステムに不具合が生じたため、予備のシステムから印刷を行ったが、予備のシステムには古い投票所のデータが入っていた。

【対処】当該市選管は、現場での混乱等を避けるため再発行はせず、自治会等を通じて周知チラシを配布。また、行政無線等での周知を行った。

県選管は、当該市選管に対し再発防止と選挙人への周知徹底を助言した。また各市町村選管に対し、投票所入場券の作成や発送に際しては複数人で確認を行うなど、記載確認を徹底するようFAXで通知した。

● **類似事例②**

【事象】衆議院総選挙において、市選管が発送した2,703世帯、5,816人分の投票所入場券に投票所名の誤りがあった。

【理由】通常使用されていた投票所が改装工事中のため別の場所に変更されていたが、これを失念して変更前の投票所を記載した。

【対処】当該市選管は、投票所入場券の再送付はせず、誤った投票所入場券を送付した全世帯にお詫び文書を送り、自治会を通じても訂正とお詫び文書を回覧した。また、市のウェブサイトにお詫びと訂正の記事を掲載した。投票日当日は変更前の投票所に案内の看板を設置して誘導員を配置、変更後の投票所に誘導した。

県選管は各市町村選管に情報を提供し、投票所が変更になった場合は選挙人へ周知に留意するよう通知した。また、変更になっている施設については資機材の確保の確認も行うよう、併せて通知した。

018 投票所入場券の記載の誤り（投票所の所在地）

選挙の分類 参議院／選挙区・比例代表

関係法令 公職選挙法施行令第31条（投票所入場券及び到着番号札の交付）

投票所の所在地が変更になっていたが投票所入場券には反映されず、誤った記載をした。

市選管が発送した投票所入場券のうち、16,363人に送付した投票所入場券の投票所の所在地が誤っていた。この投票所は前年1月に所在地が変更になっていたが、変更前の所在地を記載した。

■事件における対処

当該市選管は対象となる選挙人に対し、お詫びと訂正の文書を送付、市選管のウェブサイトや自治体の回覧板で周知を行った。

県選管は、他の事例と併せて各市町村選管に情報を提供して共有し、再発防止に努めるとした。

019 投票所入場券の記載の誤り（選挙名）

選挙の分類	衆議院／小選挙区・比例代表
関係法令	公職選挙法施行令第31条（投票所入場券及び到着番号札の交付）

投票所入場券に記載する選挙名を誤った。

市選管が発送した約19,000世帯、41,839人分の投票所入場券に記載された選挙名に誤りがあった。本来、衆議院総選挙とすべきところ、衆議院通常選挙としていた。

●事件が起きた理由

校正の段階での確認が不十分だった。

■事件における対処

当該市選管は報道発表を行い、市のウェブサイトに記載誤りを掲載して周知。また、選挙啓発チラシにお詫び文を掲載して全戸に配布した。

県選管は当該市選管に対し、適切な媒体等の活用により、至急周知を行うよう指示をした。

●類似事例

【事象】参議院通常選挙において、町選管が投票所入場券を作成する際、前年に行われた県議会議員選挙に使用した用紙を一部用いて印刷し、送付した。

【対処】当該町選管は県議会議員選挙と印字された投票所入場券は全て回収し、正しい投票所入場券を配布した。

県選管は当該町選管に対し、再発防止に向けた事務処理体制の点検と見直しを要請するとした。また、各市町村選管には、担当者会議等を通じて注意喚起を行うとした。

投票所入場券関係

020 投票所入場券の記載の誤り（変更の押印間違い）

選挙の分類 衆議院／小選挙区・比例代表

関係法令 公職選挙法施行令第31条（投票所入場券及び到着番号札の交付）第1項

> 投票所変更の周知を行うゴム印を押し間違えて、投票所入場券を送付した。

前回の選挙から投票区の区域変更に伴って投票所が一部変更になったため、市選管は投票所が変更になった選挙人に対して、投票所入場券に「投票所が変更になりました」とゴム印を押して周知することにした。しかし、変更しない投票所の投票所入場券に押印し、変更がある投票所入場券には押印せず、送付した。

■事件における対処

当該市選管では、投票所の変更がない地域の選挙人には誤りを伝えるはがきを送付し、投票所の変更に関するチラシを作成して選挙公報と併せて全戸配布した。

県選管は当該市選管から事情を聞き取り、投票管理の徹底を指導して、再発防止のための注意喚起を行った。

021 投票所入場券の記載の誤り（選挙人氏名等）

選挙の分類 衆議院／小選挙区・比例代表
関係法令 公職選挙法施行令第31条（投票所入場券及び到着番号札の交付）

> 投票所入場券に記載の選挙人の氏名等に脱字があった。

　期日前投票所に来所した選挙人が、投票所入場券に脱字があると申し出た。当該選挙人は氏名について脱字していたが、選挙人名簿で本人確認の上、投票を行った。投票所入場券に脱字があった者は71人。うち、11人の氏名に脱字があった。

●事件が起きた理由

　データ作成事業者が常用漢字以外の外字文字の書き換え作業を行った際にエラーが生じて、対象となった文字が抜け落ちた。

■事件における対処

　当該市選管は氏名に脱字があった選挙人を訪問して謝罪し、再発行した投票所入場券と差し替えた。住所に脱字があった選挙人に対してはお詫び文書を送付した。また、データ作成事業者に注意喚起をした。
　県選管は当該市選管に対して、確認体制等の見直しを図るよう指導。各市町村選管には、担当者会議等を通じて積極的に助言を行うとした。

022　投票所入場券の送付の誤り

選挙の分類　衆議院／小選挙区・比例代表
関係法令　公職選挙法施行令第 31 条（投票所入場券及び到着番号札の交付）

選挙人名簿から抹消された者に投票所入場券が送付された。

　市選管が発行した投票所入場券が、ある期間中に転出して選挙人名簿から抹消された選挙人の一部と、同じ期間に死亡した人の計 53 人に対して送付された。

●事件が起きた理由

　選挙システムに選挙人名簿からの抹消者が正しく反映されなかった。選挙システムは 3、6、9、12 月の定時登録と各選挙の選挙時登録における選挙人名簿及び投票所入場券出力の際には、抹消者の反映を行わなければならないが、前回行われた市長選挙と県議会議員補欠選挙の同日選挙の際、市長選挙のデータにはこの処理を行っていなかった。その後、定時登録と選挙時登録の際に機会があったが確認を漏らした。

■事件における対処

　当該市選管は、選挙システムの保守管理業者に原因究明と当該案件の対象者の抽出を依頼。対象者にはお詫び文書を送付した。
　県選管は当該市選管に対し、原因究明を行い、対象者への速やかな謝罪を助言した。

●類似事例

【事象】参議院通常選挙において、死亡している 12 人に対して投票所入場券を送付した。選挙人から市選管に対し、死亡している家族分の投

票所入場券が届いたという申し出があり、発覚した。

【理由】当該市選管、戸籍住民課、情報システム課が連絡を怠った。

【対処】当該市選管は、当該12人について投票が行われていないことを確認の上、各投票所に当該者について投票ができないように周知した。また、宛先不明で戻ってきた4人を除く8人については家族を訪問して謝罪。今後は関係課との連絡体制を強化し、新たなチェック体制を確立するとした。

　県選管は当該市選管に対し、再発防止に努めるよう助言した。また、各市町村選管には、担当者会議等を通じて助言を行うとした。

023 投票所入場券の送付の誤り（失権者）

選挙の分類 衆議院／小選挙区・比例代表、国民審査

関係法令 公職選挙法第11条（選挙権及び被選挙権を有しない者）、第29
条（通報及び調査の請求）第1項
公職選挙法施行令第31条（投票所入場券及び到着番号札の交付）

> 戸籍係からの通知漏れにより、失権者に投票所入場券が発送された。

村選管が作成した投票所入場券が、公民権停止中の者にも送付されていた。当該村の戸籍係からの通知で判明した。

●事件が起きた理由

当該村の戸籍係は、検察庁から当該者が失権者であるという通知を受けていたが、村選管に通知していなかった。

■事件における対処

当該村選管は、当該者について未投票であることを確認した上で直ちに選挙人名簿に失権表示の手続きを行い、送付済みの投票所入場券は当該者宅を訪問して回収した。また、同村戸籍係と相互に公職選挙法第29条（通報及び調査の請求）第1項に基づく通報義務があることについて、再度認識の徹底を行った。

県選管は可能であれば投票所入場券を回収し、報道発表を行うよう助言した。各市町村選管に対して、選挙事務全般にわたる管理執行に万全を期すよう注意喚起を行った。

024 投票所入場券の送付の誤り

選挙の分類 参議院／選挙区・比例代表
関係法令 公職選挙法施行令第31条（投票所入場券及び到着番号札の交付）

> 　同一世帯から複数の選挙人が市外へ転出したのに、投票所入場券をまとめて世帯主とされていた1人のところに送付したため、受け取っていない選挙人がいた。

　市内の同一世帯から複数の選挙人がそれぞれ異なる市外へと転出した場合、本来、それぞれの選挙人宛てに投票所入場券を送付しなければならないところ、市選管はまとめてそのうちの世帯主とされていた1人に送付した。このため226人の選挙人に投票所入場券が届かなかった。

●事件が起きた理由

　投票所入場券の作成等を業務委託する際の仕様書に誤りがあった。

■事件における対処

　当該市選管は関係する選挙人にお詫びをし、投票所入場券を受け取っていない選挙人については再送付した。

025 投票所入場券の送付の誤り（告示日前発送）

選挙の分類 市議会議員

関係法令 公職選挙法施行令第31条（投票所入場券及び到着番号札の交付）

投票所入場券が告示日前に選挙人に配布された。

　市選管が郵便局に投票所入場券の送付依頼をしたところ、候補者の選挙運動用はがき約36,000通と投票所入場券約20,000通の配達時期が重なるため、投票所入場券を早く差し出してほしいという申し出があった。市選管はこれを受け、郵便局内での配達前の準備が円滑に進むよう、かつ告示日以降早期に選挙人に届けられるよう、告示日の2日前に納入した。

　しかし、納入の翌日、約7割の選挙人世帯に対して投票所入場券が配布された。

●事件が起きた理由

　郵便局への差し出し納入時、告示日以降に配達するよう注意するのを怠った。

■事件における対処

　当該市選管は、今後、選挙の都度、郵便局に対して告示日以降に配達することを確認するとした。

　県選管は、各市町村選管に情報を提供して共有し、担当者会議等を通じて今後の適切な対応について依頼するとした。

投票所入場券の二重送付

選挙の分類 衆議院／小選挙区・比例代表、国民審査
関係法令 公職選挙法施行令第31条（投票所入場券及び到着番号札の交付）

> 印刷ミスで再印刷した投票所入場券を送付したため、印字ずれ
> 分との二重送付が発生した。

町選管では投票所入場券を作成する際、A4サイズの用紙にはがきサイズで4人分を印刷し、裁断した。しかし、印字がずれたため再印刷した分について、その印字ずれ分を取り除かずに同様に処理をし、郵便局に持ち込んだ。そのため一部の選挙人に対し、投票所入場券が二重送付された。プリンターの作業履歴から、重複交付は最大で248人分と判明した。

■事件における対処

当該町選管は、県選管に報告し、報道発表を行った。該当地区の選挙人に対しては有線放送で告知し、さらに直接連絡した上で印字ずれした入場券の回収や破棄を依頼した。また、今後は発送準備作業における確認作業の徹底など、事務処理手順の見直しと強化を行うとした。

県選管は各市町村選管に対して、選挙事務全般について複数人による確認作業の徹底など、改めて注意を促す文書を発出した。

投票所入場券関係

027 投票所入場券の送付の誤り（転出先で登録済みの選挙人）

選挙の分類 参議院／選挙区・比例代表

関係法令 公職選挙法施行令第31条（投票所入場券及び到着番号札の交付）

　転出先で選挙人名簿に登録されている人に投票所入場券を送付した。

　区選管は市外に転出した2,248人の選挙人に対して投票所入場券を送付したが、うち729人は既に転入した新住所地で選挙人名簿に登録されていた。

■事件における対処

　当該区選管は対象となる転入した新住所地で選挙人名簿に登録された選挙人にお詫び文書を送付。今後、転出者に対して投票所入場券を送付する際は、市選管から配布される事務処理手順書を複数人で確認して再発防止に努めるとした。

　市選管は当該区選管に再発防止への助言を行った。

　県選管は、当該区選管に対してチェック体制の見直し等を図るよう指導し、各市町村選管に対しては、会議等を通じて積極的に助言を行うとした。

●類似事例①

【事象】参議院通常選挙において、市選管が転出先の選挙人名簿に登録された3人に投票所入場券を送付した。

【理由】投票所入場券を作成したときに使用した選挙システムの抽出条件等に誤りがあった。

【対処】当該市選管は県選管に報告し、対象者を訪問して謝罪と事情説

明を行い、送付した投票所入場券の破棄を依頼した。また、選挙システムの改修を行うとした。

　県選管は当該市選管に対し早急な調査を行うこと、対象となる選挙人に謝罪と事情説明をするよう助言した。

●類似事例②

【事象】衆議院総選挙において、市選管が転出先の選挙人名簿に登録された 19 人に投票所入場券を送付した。

【理由】転出先で登録された選挙人の転出先の投票権の抹消確認が不十分だった。

【対処】当該市選管は対象者に謝罪し、今後は選挙システムに選挙権の抹消を入力するとした。

　県選管は当該市選管から事情を聞き取り、早急な調査の実施と、対象となる選挙人に対する謝罪と事情説明を行うよう助言した。

●類似事例③

【事象】衆議院総選挙において、市選管が転出先の選挙人名簿に登録された 642 人に投票所入場券を送付した。また市外に転出後 3 か月未満のため転出先の当該市で投票をすることができる選挙人 668 人に対して入場券を送付していなかった。

【理由】入場券印刷用データを作成する事業者が、「転出後 3 か月〜4 か月」と「転出後 3 か月未満」のデータ名を取り違えて保存し、当該市選管に納入され、そのまま印刷業者に渡された。市選管ではデータ一覧のみで照合したため、誤りに気付かなかった。

【対処】当該市選管は誤発送した対象者にはお詫び文書と誤発送の投票所入場券の返送用封筒を送付して返却を依頼、転出後 3 か月未満の選挙人には投票所入場券を送付した。

　県選管は当該市選管に対し、チェック体制の見直し等を図るよう指導、各市町村選管には、担当者会議等を通じて積極的に助言を行うとした。

028 投票所入場券の送付の誤り（県外への転出者）

選挙の分類　県議会議員

関係法令　公職選挙法第9条（選挙権）
公職選挙法施行令第31条（投票所入場券及び到着番号札の交付）

県外への転出者に県議会議員選挙の投票所入場券を送付した。

　市選管が作成した投票所入場券が、本来送付しない県外への転出者248人にも送付された。うち1人分が宛先不明で戻ってきたため、ミスが判明した。

●事件が起きた理由

　印刷した投票所入場券から県外に転出した県議会議員選挙の選挙権を失った者の分を取り除く作業を怠った。

■事件における対処

　当該市選管は対象者全員に対し、お詫び文書を送付し、併せて誤って送付した投票所入場券を破棄するよう依頼した。また、報道発表を行い、選挙システム改修の検討をすること、発送前に再度十分確認をすることなどで改善を図るとした。

　県選管は、報道発表を行うよう助言。また各市町村選管には、選挙事務全般にわたる管理執行に万全を期すよう、注意喚起の通知を行った。

029 投票所入場券の送付の誤り （18 歳、19 歳の選挙人）

選挙の分類 参議院／選挙区・比例代表

関係法令 公職選挙法第 21 条（被登録資格等）、第 27 条（表示及び訂正等）、第 28 条（登録の抹消）
公職選挙法施行令第 31 条（投票所入場券及び到着番号札の交付）

> 18 歳、19 歳の選挙人の一部について、誤って投票所入場券を送付した。

市選管は、市の住民基本台帳に 3 か月以上登録されていた 18 歳または 19 歳の選挙人のうち、市外に転出して 4 か月以上経過していない者に対して、転出先の住所に送付すべきところ、転出前の住所に投票所入場券を送付した。この投票所入場券は、転出者であることを明示していない、市内に住所を有する選挙人と同じものであった。

さらに、当該市に転入後、住民票が作成された日から 3 か月を経過していない 18 歳または 19 歳の者に対して、投票所入場券を発行し、送付した。

■**事件における対処**

当該市選管は、郵便局が保管していた分については送付を差し止めた。送付されたものについては、市外転出者に対しては転出者であることを明記した投票所入場券と返送用の封筒を送付し、先に送付した分を回収した。また、転入者に対しては転入前の住所登録地で投票するよう説明した文書を送付した。また、転出者については選挙人名簿に転出の表示を行い、転入者については誤載として選挙人名簿の登録を抹消した。今後はデータ抽出の条件が正しいことを確認した上で、投票所入場券を発行するとした。

県選管は、各市町村選管に情報を提供して共有し、再発防止について注意喚起を図るとした。

030 投票所入場券の未送付（新たな選挙人）

選挙の分類 参議院／選挙区・比例代表

関係法令 公職選挙法施行令第31条（投票所入場券及び到着番号札の交付）

> 新たに選挙人名簿に登録された選挙人に投票所入場券が送られていなかった。

選挙期日の投票日の4日前に選挙人から投票所入場券が届いていないという連絡があった。市選管が確認すると、選挙人名簿に登録されているのに投票所入場券作成データがない選挙人が111人おり、当該選挙人には投票所入場券が送付されていなかった。

●事件が起きた理由

データを作成したシステム会社の確認ミスにより、選挙人名簿登録制度の法改正により新たに選挙人名簿に登録され選挙人となった111人分について、投票所入場券作成データが作られていなかった。

■事件における対処

当該市選管は、翌日、該当する選挙人の投票所入場券を作成し、お詫び文書とともに送付した。また、システム会社に選挙人名簿データと投票所入場券作成データとの突合と件数の確認を徹底するよう依頼した。投票所入場券作成データを選管事務局で確認できる書類形式にした。

031 投票所入場券の未送付 (選挙人名簿からの誤削除)

選挙の分類 衆議院／小選挙区・比例代表、国民審査
関係法令 公職選挙法第 27 条（表示及び訂正等）

> 選挙人名簿に登録されている選挙人に対し、転出日と転入日について誤解があり、投票所入場券を送付しなかった。

12 月 14 日の選挙期日の投票日から 4 日後、選挙人から市選管に対して、投票所入場券が届いていなかったという申し出があった。調べたところ、当該選挙人は 8 月 27 日に市外に転出し、10 月 3 日に再転入していた。

●事件が起きた理由

転出から 4 か月経過していないため、当該市の選挙人名簿に登録されていたが、再転入から 3 か月が経過していなかったため、選挙人名簿に登録されないと思い込み、削除していた。

■事件における対処

当該市選管は、選挙人名簿登録の制度を正しく理解し、さらに複数人でのチェック体制を強化するとした。

県選管は、各市町村選管に対して会議等を通じて事例を紹介し、再発防止の注意喚起を図るとした。

投票所入場券関係

032 投票所入場券の未送付 （転出後 3 か月未満の選挙人）

選挙の分類 衆議院／小選挙区・比例代表、国民審査
関係法令 公職選挙法施行令第 31 条（投票所入場券及び到着番号札の交付）

市外へ転出して転出後 3 か月未満の選挙人 269 人に対し、投票所入場券を発送していなかった。

　選挙期日の投票日翌日、市外に転出した選挙人から市選管に対して、転出してから 3 か月未満であるが投票所入場券が届いていなかったという申し出があった。調べたところ、市外転出後 3 か月未満の選挙人 269 人の投票所入場券を印刷した後、別室に移し、発送を失念していたことが発覚した。

●事件が起きた理由

　印刷するときに印字トラブルがあったため、シール貼りで修正をすることにして、市内在住者等の分を優先して行った。転出後 3 か月未満の選挙人に対する投票所入場券は、転出後 3 か月～4 か月となるため発送する必要のない投票所入場券と同じ箱に入れ、そのまま失念した。

■事件における対処

　当該市選管は、申し出があった選挙人には直接説明をし、他の 268 人には通知により周知とお詫びをした。選管職員 14 人は選管委員長による口頭厳重注意処分とした。

033 投票所入場券の未送付 （転出者への送付漏れ）

選挙の分類 衆議院／小選挙区・比例代表、国民審査
関係法令 公職選挙法施行令第31条（投票所入場券及び到着番号札の交付）

> 選挙人名簿に転出表示の上、登録されている転出後の選挙人に対し、誤って転出先で登録されたとして事務処理をし、当該選挙人らに対し投票所入場券等が送付されなかった。

市選管は選挙人名簿を調製するに当たり、転出先の自治体に選挙人名簿の登録の有無を問い合わせた際、「登録されていない」と回答されたのに、誤って「登録あり」として事務処理を行った。そのため対象者には、投票所入場券及び当該市で投票することができる旨の案内や不在者投票などの投票方法を記した文書が届いていなかった。選挙期日の投票日の朝に、転出先の住所地の市選管から連絡があって判明した。

●事件が起きた理由

転出先住所地に登録の有無を照会した者、その確認をした者、二重登録の処理をした者との間の引き継ぎが不十分であり、思い込みで事務処理を行った。

■事件における対処

発覚が投票日当日であったことから、当該市選管は対象者にすぐ連絡することができず、連絡待ちの体制をとった。また、対象者を確認した上で投票所の名簿に二重投票を防ぐための表示を行い、関係する自治体の選管と連絡を取り、問い合わせに即応する体制を整えた。今後は原則として1人の職員が一連の事務処理を行って処理結果を第三者が確認することにした。また、基本的な制度を理解する者が事務処理を行うとした。

県選管は当該市選管に対し、事務処理体制の点検と見直しを要請した。各市町村選管に対しては、担当者会議等を通じて注意喚起を行うとした。

投票所入場券関係

投 票 関 係

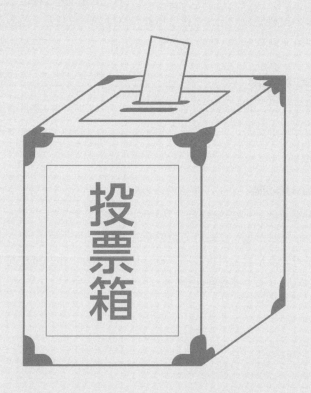

投票箱

034 投票用紙の二重交付 （交付済みの目印の付け忘れ）

選挙の分類 市長・市議会議員
関係法令 公職選挙法第48条の2（期日前投票）

> 期日前投票所において、市議会議員選挙の期日前投票に訪れた選挙人に、投票済みの市長選挙の投票用紙も交付した。

　市長選挙の期日前投票を行った選挙人が、後日、市議会議員選挙の期日前投票に来所した。このとき、誤って市長選挙の投票用紙も交付した。

　当該期日前投票所で投票者数と投票用紙交付枚数を確認したところ、市長選挙の投票者数に比べて投票用紙の交付済み枚数が1枚多かったため、投票所入場券と期日前投票宣誓書を照合して、二重交付が判明した。

●事件が起きた理由

　当該選管では、市長選挙の期日前投票を行った場合、期日前投票宣誓書に「市長選挙投票済」と朱書きをすることにしていたが、その朱書きがなかった。

■事件における対処

　当該市選管は、一部の選挙について投票済みとなっている選挙人が期日前投票に訪れた場合における投票を確実に確認し、対応するよう、担当職員に対する指導を再度徹底するとした。また、担当職員間で情報伝達を十分に行うよう注意喚起を行った。

投票関係

035 投票用紙の二重交付
（交付済みの目印の誤判断）

選挙の分類 県議会議員
関係法令 公職選挙法第36条（一人一票）

> 投票済みのチェックを付け間違えたものと判断し、誤って投票用紙を交付した。

期日前投票所において、選挙人が投票を終えた後、投票用紙交付係が当該選挙人の投票所入場券の照合欄にチェックをする手はずにしていた。この欄に小さく薄い線が入っていたものを受け付けた交付係は、チェックの付け間違いと判断して投票用紙を交付した。このため、投票用紙が二重に交付された。定期時の確認作業を行った際、投票用紙が1枚少ないことにより判明した。

■事件における対処

当該市選管では、投票所入場券の照合欄のチェックはペンで大きく目立つように記載するか、またはゴム印によるチェックに変更するよう処置をした。また、選挙人が期日前投票所内で順路を逆行して再交付を受けた可能性が高いと判断し、パーテーション等を移動させてルート設定をやり直した。

県選管は、各市町村選管に情報提供を行って事案を共有し、再発防止に努めるとした。

投票関係

036 投票用紙の二重交付 （事務従事者の思い込み）

選挙の分類 衆議院／小選挙区・比例代表、国民審査
関係法令 公職選挙法第36条（一人一票）

> 選挙人が小選挙区の投票箱に比例代表と国民審査の投票用紙を投函した際、事務従事者が小選挙区の投票用紙と投票所入場券であると思い込み、再度、比例代表と国民審査の投票用紙を交付した。

　期日前投票所において、比例代表と国民審査の投票用紙を小選挙区の投票箱に投函しようとした選挙人がいたため、投票立会人が気付いて指摘をしたが、間に合わずそのまま投函されてしまった。この指摘を聞いた投票管理者は、投函された2枚は小選挙区の投票用紙と投票所入場券であると思い込み、再度、期日前投票宣誓書に記入してもらった上で比例代表と国民審査の投票用紙を交付。選挙人は投票を行った。

　その後、受付人数と投票用紙の枚数を確認したところ、数が合わなかったため、比例代表と国民審査の投票用紙の二重交付が判明した。

■事件における対処

　当該市選管は複数の投票が行われる際の選挙人の動線を見直すとともに、思い込みによる判断をしないよう、事務従事者に対する研修会等で周知して再発防止に努めるとした。

　県選管は当該市選管から事情を聞き取り、投票所内の係の連携強化を要請。また、投票用紙交付等の確認作業は必ず複数人で行うなど、再発防止に万全を期すよう要請した。

●類似事例①

【事象】参議院通常選挙において、選挙区の投票を終えた選挙人が、比

投票関係

例代表の投票用紙を選挙区の投票箱に投函した。これを見ていた投票立会人と投票事務従事者は、投票所入場券を投函したものと思い、比例代表の投票用紙を再度交付。その結果、投票が行われた。

【理由】選挙区の投票用紙は薄黄色だったが、投票所入場券と比例代表の投票用紙が同じ白色であったため勘違いをした。

【対応】当該市選管は、報道発表を行った。また各投票所に対し、投票用紙交付の本人確認及び投票時の確認を徹底するよう、注意喚起した。

　県選管は当該市選管から事情を聞き取り、事実関係と原因を明らかにして再発防止に努めるよう助言した。また報道機関に情報提供を行った。

●類似事例②

【事象】参議院通常選挙において、比例代表の投票を終えた選挙人が、比例代表の投票用紙交付係の前に立っていた。当該交付係が、選挙人に投票所入場券を渡すよう求めたところ、「既に渡した」と言われたため、投票所入場券を受け取ったが投票用紙を交付していないと思い込み、投票用紙を交付した。その結果、投票が行われた。

【対処】当該市選管は当該投票所からの報告を受け、市内各投票所に注意喚起を行った。

　県選管は、各市町村選管に情報提供を行って共有し、再発防止に努めるとした。

投票関係

037 投票用紙の二重交付
（事務従事者の思い違い）

選挙の分類 県議会議員
関係法令 公職選挙法第 36 条（一人一票）

投票済み未処理の投票所入場券を持参し、選挙人名簿に投票済みである旨の表示のある選挙人について事務従事者が投票管理者に確認したところ、確認内容を思い違いして「大丈夫」と返答。そのため、投票用紙が交付された。

県議会議員選挙において、投票日当日、期日前投票を済ませていた選挙人が投票所に来所した。選挙人名簿対照を行ったところ「投票済」とあったが、未処理の投票所入場券を持参していたため、名簿対照係は投票管理者に投票をさせてよいかと確認をした。投票管理者は別の案件について確認中であったため、確認中の案件と思い違いして「大丈夫」と答えた。そのため、名簿対照係は投票させることが可能と判断し、投票用紙を交付し、投票が行われた。

当該選挙人は、期日前投票所では投票所入場券を持参していなかったため、投票所入場者には投票済みの処理がなされず、投票日当日、未処理の投票所入場券を持参することができた。

■事件における対処

当該市選管は、全ての投票所に対して、投票用紙の交付は選挙人名簿と確実に対照してから行うこと、投票済みかどうかについても選挙人名簿で漏れなく確実に確認することを注意喚起した。

県選管は、各市町村選管に情報を提供して共有し、再発防止を図るとした。

投票関係

66

●類似事例

【事象】市長選挙と市議会議員選挙の同日選挙において、市長選挙の投票を済ませた選挙人が期日前投票所に来所した。事務従事者が当該区の選管に対して、投票できる選挙の確認を行った際、「市議のみ」と回答。事務従事者は、これを「市議のみ投票可能」ではなく、「市議のみ投票済」と受け止め、市長選挙の投票用紙を交付した。その結果、投票が行われた。

【対応】当該区の選管は、直ちに市選管に報告するとともに、各投票所に知らせ、連絡事項に対しては復唱するなどの慎重な対応をするよう指示し、再発防止を図った。

　市選管は当該区選管に対して厳重に指導を行い、他の区選管に対しては再発防止を指示した。また県選管に報告し、報道機関に情報提供を行った。

---

038 **投票用紙の二重交付**
（交付係の離席に関連した誤り）

選挙の分類 衆議院／比例代表
関係法令 公職選挙法第 36 条（一人一票）

　比例代表の投票用紙交付係担当者が離席中に、小選挙区の担当者が離席中の担当者に代わって投票用紙を交付。比例代表の投票用紙交付係の担当者は席に戻った際にこれを確認せず、再度、投票用紙を交付した。

　小選挙区と比例代表の投票用紙を 2 人の事務従事者がそれぞれ交付していた投票所において、選挙人に対し小選挙区の投票用紙を交付し投票が行われた。続く比例代表の投票では、比例代表の投票用紙交付係担当

者が離席していたため、小選挙区の交付係担当者が比例代表の投票用紙を交付した。その後、比例代表の交付係担当者が戻り、同じ選挙人に比例代表の投票用紙を再び交付した。

■事件における対処

当該市選管は、各投票所に対し、交付係の引き継ぎを適切に行い、再発防止に努めるよう周知徹底を図った。

県選管は当該市選管から事情を聞き取り、再発防止に万全を期すよう要請した。また、各市町村選管に対し、同様の誤りが発生しないよう、FAX を送り、注意喚起を行った。

●類似事例

【事象】参議院通常選挙の期日前投票所において、通常の場合、投票用紙の交付は 2 人体制で行っていたが、うち 1 人が席を外した際、十分に確認せず、比例代表の投票用紙を 2 枚交付してしまった。

【対処】当該市選管は、全ての期日前投票所の事務従事者に対し、投票用紙の誤交付が起こらないよう、周知徹底した。また、誤交付を防ぐため、投票所内の配置を再検証し、2 つの投票用紙の交付場所を離すよう周知した。

県選管は、チェック体制の見直し等を図るよう指導するとともに、各市町村選管に対し、会議等を通じて同様の誤りが生じないよう積極的に助言するとした。

投票関係

投票用紙の二重交付
（選挙人の告知誤り）

選挙の分類 衆議院／比例代表
関係法令 公職選挙法第36条（一人一票）

> 比例代表と国民審査の投票用紙を入れ間違えた選挙人が、係員に「入場券を投票箱に入れてしまった」と誤った告知を伝えたため、再度、比例代表と国民審査の投票用紙を交付した。

　期日前投票所で小選挙区の投票後、比例代表と国民審査の投票で双方の投票用紙を投票箱を間違えて投函してしまった選挙人が、投票所の事務従事者に誤りを伝えた。その際、「投票用紙を入れ間違えた」と言うべきところ、「入場券を投票箱に入れてしまった」と伝えたため、係員は小選挙区の投票用紙と投票所入場券を小選挙区の投票箱に投函したものと思い、投票所入場券を発行した上で、比例代表と国民審査の投票用紙を交付した。その結果、比例代表と国民審査の投票が二重に行われた。

　その日の投票終了後、確認作業を行っていたところ、当該選挙人の投票所入場券が2枚あり、比例代表と国民審査の投票用紙の交付枚数が投票者数より各1枚多かったため、判明した。

■事件における対処

　翌日の朝、当該選挙人に電話で問い合わせたところ、事実であると確認された。

　当該市選管は、期日前投票所と当日投票所の事務従事者にこの内容を知らせ、注意喚起を行った。

　県選管は各市町村選管に情報提供を行って共有し、再発防止を図った。

●類似事例

【事象】参議院通常選挙において、選挙区の投票を済ませた選挙人が比例代表の投票用紙を選挙区の投票箱に投函してしまった。この時、投票所内は混雑しており、投票管理者を含め事務従事者は誰も気付くことができなかった。その後、場内誘導を行っていた庶務係は選挙区の投票箱の方から当該選挙人が手に何も持たずに近づいてきたことに気付き、投票所入場券を誤って投函したものと思い込んだ。選挙人に確認すると「はい」と答えたため、投票所入場券を再発行し、比例代表の投票用紙を交付した。その結果、投票が行われた。

　来場者数と投票用紙の交付数を確認した際、当該選挙人の投票所入場券が2枚あることがわかり、判明した。

【対処】潜在無効票となるため、そのまま開票録に記載。報道発表も行った。

040 投票用紙の二重交付
（事務従事者の連携ミス）

選挙の分類 衆議院／小選挙区・比例代表、国民審査
関係法令 公職選挙法第36条（一人一票）

期日前投票済みの選挙人が投票日当日に来所。名簿対照が遅れている間に名簿対照を経ずに投票用紙交付へと進み、名簿対照が済んでいると思った交付係が投票用紙を交付した。

　期日前投票を済ませていた選挙人が、投票日当日、投票所を訪れた。名簿対照係が投票所入場券を受け取ったが、混雑しており、当該選挙人の名簿対照に手間取った。当該選挙人は名簿対照が終わらないうちに投票用紙交付係に進み、交付係は名簿対照済みであると思い、投票用紙を

交付した。その結果、小選挙区、比例代表、国民審査の投票が行われた。

当該選挙人は、期日前投票所には投票所入場券を持参していなかったため、期日前投票所では住所、氏名、生年月日を聞き取った上で名簿対照を行い、投票用紙を交付していた。

■事件における対処

当該市選管は市内の全ての投票所に対し、選挙人名簿の対照を確実に行うことと、投票用紙の交付係への情報伝達を適切に行うよう注意喚起を行った。また担当職員への指導を徹底することで再発防止に努めるとした。

県選管は各市町村選管に対し、事務従事者が選挙人名簿の正確な対照を行うことと投票用紙の確実な交付を徹底するよう、改めて注意喚起を行った。

●類似事例

【事象】参議院通常選挙と県知事選挙の同日選挙において、投票日当日、参議院通常選挙の期日前投票を済ませた選挙人が県知事選挙の投票のために投票所を訪れた。名簿対照係は選挙人に対して「県知事選挙のみの投票です」と告げたが、他の事務従事者の耳には届かず、参議院通常選挙の投票用紙交付係が選挙区及び比例代表の投票用紙を交付した。その結果、投票が行われた。

【対処】当該市選管は全ての投票所の投票管理者に対し、名簿対照係の徹底と各係間の連携の強化を指示した。また、投票用紙引換券を利用するなど、交付体制の見直しを行った。

県選管は当該市選管に対し、再発防止に万全を期すよう、体制の見直しを助言。各市町村の選管には、FAX 及びメールにより、投票用紙の交付体制の徹底を求めた。

投票関係

041 投票用紙の二重交付 （投票用紙の確認の不備）

選挙の分類 衆議院／小選挙区・比例代表、国民審査
関係法令 公職選挙法第36条（一人一票）、第48条の2（期日前投票）

　投票用紙交付前の準備が不十分であったため、比例代表の投票用紙が二重に交付されてしまった。

　県選管から送致される投票用紙が100票ずつ仕切られていることから、市選管は投票所では10票ずつに分け、さらに10票を1枚ずつトレーに並べて、1枚であることを確認してから選挙人に交付するよう指示をしていた。しかし、定期的な確認を行っていた際、比例代表の投票用紙の残りが1枚不足していることがわかり、投票用紙の二重交付が行われた可能性が高いことが判明した。

●事件が起きた理由

　期日前投票所が混み合い、交付前に1枚ずつ準備する手はずが間に合わず、10票の束から抜き取って交付を行ったためと想定される。

■事件における対処

　当該市選管は混雑時であっても、指示事項に沿って確実に交付を行うよう、周知徹底を図った。
　県選管は文書により、各市町村選管に対して注意喚起を行った。

投票関係

042 投票用紙の二重交付 （記載台上の放置で判明）

選挙の分類 衆議院／小選挙区・比例代表、国民審査
関係法令 公職選挙法第36条（一人一票）

> 小選挙区の記載台の上に国民審査の投票用紙が放置されており、確認したところ、比例代表と国民審査の投票用紙が1枚ずつ少ないことが判明。二重に交付したことが推察された。

　投票所で、事務従事者が小選挙区の記載台に国民審査の投票用紙が放置されているのを見つけた。不審に思い、投票者数と投票用紙の残存枚数を確認したところ、比例代表と国民審査の投票用紙が1枚ずつ少ないことが判明した。

　この原因については、小選挙区の投票を行った選挙人が比例代表と国民審査の投票用紙を受け取った後、小選挙区の記載台で記載し、小選挙区の投票箱に比例代表の投票用紙を投函して国民審査の投票用紙を放置。その上で再び、比例代表と国民審査の投票用紙の交付を受けて、それぞれ正しい記載場所で記載し、正しい投票箱に投票したと考えられた。

■事件における対処

　当該町選管は直ちに県選管に報告し、投票所の事務従事者に対して本事例を周知、適正な事務処理を徹底するよう指示した。

　県選管は当該町選管に対し、投票所の事務従事者から本事例の発生内容の報告と適正な事務処理を行うよう要請。県内の各市町村選管にも本事例を通知し、事務処理の徹底を依頼した。

投票関係

043 投票用紙の二重交付
（選挙人からの投票用紙未交付の申し立て）

選挙の分類 衆議院／比例代表
関係法令 公職選挙法第 36 条（一人一票）

> 比例代表と国民審査の投票用紙を交付した後、選挙人が交付係のところに戻り、比例代表の投票用紙を受け取っていないと主張したため、交付した。

投票用紙交付係が選挙人に比例代表と国民審査の投票用紙を交付した後、当該選挙人が交付係のところに戻り、国民審査の投票用紙のみを見せて、比例代表の投票用紙を受け取っていないとしつこく主張した。投票用紙交付係は、比例代表の投票用紙を交付していないものと思い、交付をした。その結果、投票が行われた。

直後に投票用紙交付係が職務代理者に報告し、投票用紙の残存枚数を数えたところ、比例代表の投票用紙が1枚少ないことがわかり、二重交付が判明した。

■事件における対処

当該市選管は、投票用紙を交付する際には必ず投票用紙の種類と枚数を声に出して確認すること、もし同じような事例があった場合は、投票用紙を交付する前に残存枚数を確認することを徹底した。

県選管は、当該市選管から事情を聞き取り、再発防止に万全を期すよう要請した。また各市町村選管に対し、FAX で注意喚起を行った。

●類似事例

【事象】県議会議員選挙の期日前投票所において、投票用紙を交付したにもかかわらず選挙人から受け取っていないとの強い申し立てがあっ

たため、投票用紙を交付した。その結果、投票が行われた。

【対処】当該市選管は、各投票所に対して注意喚起文書を発出。また、事務従事者の研修の充実を図り、本事例を含めたケーススタディを通じた対応により再発防止に努めるとした。

　県選管は当該市選管から事情を聞き取り、選挙事務の管理執行の再点検と改善の徹底を図り、再発防止に努めるよう助言を行った。

044　投票用紙の二重交付（事務従事者のチェック漏れ）

選挙の分類　参議院／選挙区、市長
関係法令　公職選挙法第36条（一人一票）

　参議院通常選挙の期日前投票を済ませたことが期日前投票システムに表示された選挙人に、期日前投票宣誓書の交付欄にその旨を記載しないまま、投票用紙交付係に案内した。

　参議院通常選挙で期日前投票を済ませた選挙人が、同日執行の市長選挙の期日前投票のため期日前投票所に来所した。期日前投票システムにより、参議院通常選挙の投票を済ませていることがわかったが、これを期日前投票所宣誓書の交付欄に記載しないまま、投票用紙交付係に案内をした。このため市長選挙のほか、参議院通常選挙の投票用紙も交付され、その結果、投票が行われた。

　当該選挙人に同伴していた家族が気付き、判明した。

■事件における対処

　当該市選管は事務従事者に対し、確実に事務処理を行うよう指導を徹底し、再発防止に努めるとした。

県選管は、各市町村選管に対して担当者会議等を通じて本事例を紹介し、再発防止の注意喚起を行うとした。

●類似事例

【事象】参議院通常選挙及び町議会議員選挙の同日選挙の際、参議院通常選挙の期日前投票を済ませた選挙人が、投票日当日、町議会議員選挙の投票のために投票所に来所。事務従事者が町議会議員選挙の投票所入場券を参議院通常選挙のものと取り違え、参議院通常選挙の投票用紙を交付し、その結果、投票が行われた。

【対処】当該市選管は直ちに全ての投票所に本事例について電話で連絡し、同様の誤りが発生しないよう注意喚起を行い、再度、選挙人名簿との対照を徹底させた。

　報告を受けた県選管は、各市町村選管に対し文書により注意喚起を行った。

045 投票用紙の二重交付
（事務従事者のチェック漏れ）

選挙の分類 県議会議員

関係法令 公職選挙法第 36 条（一人一票）

> 不在者投票指定施設で不在者投票を済ませていた選挙人が、投票日当日、投票所を訪れた。事務従事者は不在者投票により投票済みである表示を見落とし、投票用紙を交付した。

　不在者投票指定施設で不在者投票を行った選挙人が、投票日当日、投票所入場券を持って投票所に来所。紙の選挙人名簿抄本で名簿対照を行ったが、「投票済」である表示を見落として投票用紙が交付された。その後、再度抄本で確認したところ、不在者投票済みであることが判明したが、既に投票用紙は投函されていた。

　不在者投票は指定投票区としており、本事例が発覚した時点ではまだ不在者投票は投函していなかったが、先に不在者投票指定施設で行った投票を無効とすることができないため、当該選挙人が行った不在者投票は投票箱に投函された。この結果、投票者数に対して投票総数が 1 票多い結果となった。

■事件における対処

　当該市選管は投票事務主任者に対する説明会を開催、特に名簿対照の際の投票済み情報の確認を徹底するよう指示した。

●類似事例

【事象】衆議院総選挙において、不在者投票指定施設で不在者投票を済ませた選挙人が、投票日当日、家族に連れられて投票所に来所した。選挙人名簿には「投票済」の表示があったが、それを名簿対照の際に

見落とし、小選挙区、比例代表、国民審査の各投票用紙を交付し、その結果、投票が行われた。

【対処】当該町選管では、当該選挙人の不在者投票を、投票管理者及び開票管理者において不受理とした。

　県選管は当該町選管に対し、事務従事者に適正な事務処理を徹底するよう指導するとともに、各市町村選管に情報を提供して共有し、注意喚起を行った。

046 投票用紙の二重交付 （選挙人名簿確認の誤り）

選挙の分類 県議会議員
関係法令 公職選挙法第 36 条（一人一票）

> 選挙人名簿との対照の際、「投票済」と表示されたのはシステムの不具合と思い込み、当該投票所に備えた紙の選挙人名簿抄本で確認して、未投票と判断した。

　投票所入場券を持たずに期日前投票所へ行き、本人確認により投票を済ませた選挙人が、翌日、家族とともに別の期日前投票所を訪れた。事務従事者が投票所入場券のバーコードを読み取った際、「投票済」と表示されたが、期日前投票システムの不具合と思い、選管担当者へ問い合わせを行った。

　選管担当者がシステムを確認する間にも継続して検索するよう指示を受けて操作を行ったが、明らかにならなかった。この作業を行う間に混雑してきたため、投票所に備え付けた紙の選挙人名簿抄本に投票済みの記載がないことと、投票所入場券と期日前投票宣誓書の提出があったことから、投票していないと判断して投票用紙を交付した。その結果、投

票が行われた。しかしその直後、期日前投票システムの確認で前日に期日前投票により投票していたことが明らかになった。

　なお、当該投票所に備え付けた紙の選挙人名簿抄本は、システムが機能しなくなった際の確認用として当該投票所の状況についてのみ管理しているもので、他の期日前投票所の状況については記載されていない。

■事件における対処

　当該市選管は、期日前投票所の投票管理者及び事務従事者に、投票済みの有無の確認作業を徹底するよう通知。今後の投票事務に誤りがないよう、周知徹底した。今後は、期日前投票においては期日前投票システムで投票の有無が判明するまでは投票用紙を交付しないこと、少しでも疑問がある場合は、自ら判断せず、直ちに市選管に確認するよう、周知徹底するとした。

　県選管は、投票用紙の交付時は選挙人名簿と確実に対照を行うことと、報道発表についての助言を行った。また、各市町村選管に本事例を紹介し、選挙事務の管理執行について注意喚起の文書を配布した。今後は、担当者会議等を通じて注意喚起を行うとした。

●類似事例

【事象】県知事選挙及び市長選挙の同日選挙において、期日前投票所に選挙人が来所。名簿対照したところ、期日前投票システムでは県知事選挙も市長選挙も「投票済」となっていたが、名簿対照係は自分が受付操作を誤ったためと思い込んで投票用紙交付係に案内し、その結果投票が行われた。その後、「投票者・投票状況一覧」と宣誓書を照合したところ、既に投票済みであることが判明した。

【対処】当該市選管は、選挙人の入力内容を再確認し、受付時の確認事項を周知徹底するよう指導した。

　県選管は、各市町村選管に情報を提供して共有し、再発防止に努めるとした。

投票関係

047 投票用紙の交付誤り（投票用紙の誤梱包）

選挙の分類 参議院／選挙区・比例代表

関係法令 公職選挙法第45条（投票用紙の交付及び様式）

> 市選管から投票用紙を投票所に送付する際、投票用紙の選挙の種類を取り違えて梱包し、投票所では中身の確認を怠ったため、投票用紙の交付誤りが発生した。

市選管から各投票所に対し、選挙区と比例代表の投票用紙の選挙の種類を取り違えて梱包して発送。2つの投票所では確認をせず気付かないまま、選挙区と比例代表の投票用紙を取り違えて交付し、その結果、投票が行われた。

1つの投票所では、10人の選挙人に対して選挙の種類を取り違え20枚の投票用紙を交付。別の投票所では3人の選挙人に対して3枚を交付し、うち2人からは回収したものの1人は選挙区の投票を行った。

■事件における対処

当該市選管では、誤って選挙を取り違えた投票用紙を交付した選挙人に対して、当該市選管委員長と事務局が直接訪問して謝罪した。今後は投票用紙の梱包は透明のフィルムにより中身が確認できるようにすること、作業の開始時と作業途中に、作業従事者以外の職員が確認を行うこととした。

県選管は当該市選管に対し、事案を精査することと記者発表の対応について助言を行った。また総務省の管理執行アドバイザーに助言をもらうとともに、各市町村選管には会議等を通じて問題事例を周知し、再発防止を徹底するとした。

投票関係

048 投票用紙の交付誤り（投票用紙保管の不手際）

選挙の分類 参議院／比例代表

関係法令 公職選挙法第36条（一人一票）、第45条（投票用紙の交付及び様式）、第68条（無効投票）
公職選挙法施行令第45条（投票に関する書類の保存）

> 投票用紙を保管していた倉庫から別の選挙の投票用紙を搬出、取り違えに気付かず交付した。

参議院通常選挙の投票用紙を倉庫から運び出す際、3か月前に行われた県議会議員選挙の未開封の投票用紙を、比例代表の投票用紙と誤って持ち出した。投票開始から約1時間の間、44人の選挙人に対し、比例代表の投票に際して県議会議員選挙の投票用紙を交付、その結果、投票が行われた。

●事件が起きた理由

期日前投票所内で投票用紙の配置を確認する際、用紙の色と印刷の文字色のみを見て、比例代表の投票用紙と思い込んだ。

■事件における対処

当該期日前投票所では、すぐに正しい投票用紙と入れ替え、交付を行った。県議会議員選挙の投票用紙は直ちに封をして倉庫に移動した。

当該市選管は県選管に報告をし、記者発表を行った。また、投票開始前には、目視のみによる確認ではなく、指差しと選挙名の読み上げを行って確認することとし、その後開設される期日前投票所と当日投票所に指示を出して、事前の確認を徹底した。

県選管は当該市選管からの報告を受けて、全ての市町村選管に対し電子メールにより本事例を周知、今後の投票事務に遺漏がないよう注意喚

投票関係

起を行った。また翌日、各市町村選管に委員長名で投票用紙交付誤りの発生防止対策について通知した。

●類似事例

【事象】町議会議員選挙において、選挙人 30 人に対し、2 週間前に実施された県議会議員選挙の投票用紙を誤って交付、その結果、投票が行われた。

【理由】町議会議員選挙と県議会議員選挙の投票用紙を同じ保管庫内で保管しており、確認せずに期日前投票所に誤って送付した。投票管理者はこれに気付かず、投票を開始した。

【対処】期日前投票所では発覚後、すぐに正しい投票用紙と差し替えた。

　　当該町選管は、投票用紙の確認は複数人で行うこととし、投票管理者に投票用紙の確認を徹底した。また異なる選挙の投票用紙は保管場所を分けるとした。併せて県選管へ報告し、報道発表を行った。

　　県選管は、当該町選管に対して法令等の情報を提供し、適切な対応と記者発表に対する助言を行った。また投票日に向け、各市町村選管には選挙の管理執行を徹底するよう、文書で注意喚起を行った。今後は各市町村選管に対し、担当者会議等を通じて事例を周知し、再発防止の意識を共有するとした。

049 投票用紙の交付誤り（投票用紙準備の不手際）

選挙の分類 衆議院／小選挙区・比例代表

関係法令 公職選挙法第36条（一人一票）、第45条（投票用紙の交付及び様式）

> 投票管理者職務代理者が投票所従事職員に対して、選挙の種類の異なる投票用紙を取り違えて渡し、投票用紙交付係も気付かないまま、誤った選挙の投票用紙が交付された。

投票日当日、投票管理者の職務代理者が投票所従事職員に誤って小選挙区の投票用紙を手渡し、比例代表の投票用紙交付係に届けるように指示した。指示を受けた職員は、小選挙区の投票用紙と気付かずに比例代表の投票用紙交付係に届け、交付係も投票用紙の種類を確認せずに、比例代表の投票用紙として選挙人に交付した。交付したのは13枚。その結果、投票が行われた。

14人目の選挙人が、投票用紙が違うことを指摘して、発覚した。それ以前に交付を受けた13人の選挙人は投票を済ませていた。

■事件における対処

投票所では、直ちに正しい比例代表の投票用紙を配置した。

当該市選管は市内の全ての投票所に周知を行い、投票用紙を確認して交付するよう指導を行った。県選管へ報告し、報道発表を行った。

投票関係

050 投票用紙の交付誤り （取り違え及び判断の誤り）

選挙の分類 市長・市議会議員

関係法令 公職選挙法第36条（一人一票）

> 市長選挙と市議会議員選挙の投票用紙を取り違えて交付し、その間違いを正そうとした結果、市長選挙の投票が二重となった。

期日前投票所において、市長選挙、次に市議会議員選挙の順で投票用紙を交付する手はずになっていた。しかし、ある選挙人に対し、市長選挙の投票用紙交付係で市議会議員選挙の投票用紙を交付してしまった。選挙人が投票を行った後にその誤りに気付いたため、投票管理者に報告を行った。

投票管理者の判断により、再度市長選挙の投票用紙を交付して市長選挙の投票を行ってもらい、さらに市議会議員選挙の投票用紙を交付して市議会議員選挙の投票を行ってもらった。このため、市長選挙の投票が二重に行われた。

■事件における対処

当該市では、1人の事務従事者が2種類の投票用紙を配布していたが、期日前投票マニュアルの見直しを行い、選挙の種別ごとに人員を配置するとした。また、期日前投票事務従事者に対する事前研修の強化を図るとした。

県選管は当該市選管に対し、投票用紙を交付する際には事務従事者間の確認を徹底するなど、事務処理マニュアルの見直しを行うことと、期日前投票事務従事者に対する事前研修の強化を図ることを助言した。

投票関係

051 投票用紙の交付誤り（自動交付機のセットミス）

選挙の分類 衆議院／小選挙区・比例代表
関係法令 公職選挙法第36条（一人一票）、第46条（投票の記載事項及び投函）第2項

> 投票用紙を自動交付機にセットする際、小選挙区と比例代表の投票用紙を取り違え、気付かずに選挙人に交付した。

投票用紙の交付を自動交付機で行っていた期日前投票所において、午前8時30分の投票開始直後、2人の選挙人に対し、小選挙区の投票の際に比例代表の投票用紙を交付した。その結果、投票が行われた。3人目に交付しようとしたとき、投票立会人がミスに気付いた。

●事件が起きた理由

投票用紙を自動交付機にセットする際、当該交付機にセットすべき投票用紙の種類の確認を怠った。

■事件における対処

当該市選管は、事務従事者の事前研修会において、業務チェックリストの活用を徹底し、投票用紙をセットする際は複数人で選挙の種類を確認することとした。投票日当日の事務従事者に再発防止を徹底するとともに、自動交付機に「投票用紙をセットする際、必ず選挙の種類を確認する」という表示をした。

県選管は当該市選管に対し、注意喚起を行った。また、各市町村選管には担当者会議等を通じて再発防止に関する注意喚起を行うとした。

●類似事例①

【事象】衆議院総選挙の期日前投票所において、午後7時30分ごろ、小

投票関係

選挙区を終えた選挙人に比例代表の投票用紙を交付すべきところ、再び小選挙区の投票用紙を交付した。その結果、投票が行われた。

【理由】投票用紙を自動交付機に補充する際、誤って比例代表の自動交付機に、小選挙区の投票用紙をセットした。

【対処】期日前投票所では、直ちに正しい投票用紙をセットし直した。当該市選管は、事務従事者に対し、交付の際には改めて投票用紙を確認するよう徹底した。また交付を誤った選挙人の自宅を訪問して状況を説明し謝罪した。

　　県選管は、当該市選管から事情を聞き取り、再発防止に万全を期すよう要請した。また、各市町村選管にはFAXにより注意喚起を行った。

●類似事例②

【事象】参議院通常選挙の期日前投票所において、午前9時ごろ、4人の選挙人に対し、選挙区の投票用紙交付係で比例代表の投票用紙を交付し、投票が行われた。このあと、4人のうち1人の選挙人に比例代表の投票用紙交付係で選挙区の投票用紙を交付。ここで誤りに気付いたため正しく比例代表の投票用紙をセットし直したが、残る3人には、再度、比例代表の投票用紙を交付した。その結果、投票が行われた。

【対処】当該市選管は、投票日当日の事務従事者に対して再発防止を周知徹底した。今後は、事務従事者の研修会において、チェックリストの活用を徹底するとした。また投票用紙を補充する際は、必ず複数人で選挙の種類の確認を行うとした。

　　県選管は各市町村選管に対して、注意喚起の文書を通知した。また、今後は会議等を通じて再発防止の注意喚起を行うとした。

052 投票用紙の交付誤り（投票用紙の取り違え）

選挙の分類 参議院／選挙区・比例代表

関係法令 公職選挙法第45条（投票用紙の交付及び様式）
公職選挙法施行令第35条（投票用紙の交付）

> 選挙区と比例代表の投票用紙を勘違いして異なる選挙の投票用紙を自動交付機にセットしていたため、取り違えて交付した。

選挙区と比例代表の投票用紙を自動交付機による交付を行っていた期日前投票所において、7人の選挙人に対し、選挙区の投票用紙を交付すべきところ比例代表を交付し、比例代表の投票用紙を交付すべきところ選挙区の投票用紙を取り違えて交付した。8人目の選挙人の指摘により発覚した。

●事件が起きた理由

事務責任者は、選挙区の投票用紙が白色、比例代表が黄色と勘違いしていたため、自動交付機に逆にセットされていた。

■事件における対処

当該市選管は、他の投票所で誤りが起きていないかを確認した後、報道発表を行った。誤って交付した7人には、選管委員長と事務局長が訪ねて直接謝罪し、後日、謝罪文を送った。選管委員長から投票管理者と事務局長に対し、口頭で厳重注意を行った。

県選管は、選挙人に対して説明と謝罪を行うこと、他の投票所への注意喚起を行うこと、事実関係の速やかな報道発表を行うことを助言した。また、各市町村選管に対し、投開票事務の適正な執行について、緊急通知を行った。

投票関係

053 投票用紙の交付誤り（交付係の注意不足）

選挙の分類 町議会議員

関係法令 公職選挙法第36条（一人一票）、第45条（投票用紙の交付及び様式）第1項、第48条（代理投票）
公職選挙法施行令第35条（投票用紙の交付）第1項

投票用紙を交付したことを失念し、再交付した。

　投票日当日、高齢の夫婦が投票所を訪れ、女性から夫である男性は身体的な事情があるため代理投票をしたいと申し出があった。選挙人名簿との対照の後、投票用紙交付係が男性に投票用紙を交付しようとしたところ、片手に杖を持ち、別の手には代理投票の意思表示の紙を持っていたため、女性に投票用紙を2枚交付した。後ろから他の選挙人が来たため、男性は横に移動した。投票用紙交付係は、後ろから来た選挙人に投票用紙の交付を終えると、当該男性の分は交付済であることを失念して再び投票用紙を交付し、その投票用紙により代理投票が行われた。

　一方、2人分の投票用紙を受け取った女性は、夫の代理投票は自分が行うものと思い、2枚とも記載して投函したと見られた。

■事件における対処

　当該町選管は、報告を受けて全ての投票所に交付枚数と残存枚数の確認を指示し、期日前投票の交付枚数と残存枚数の確認も行った。県選管に報告した後、当該投票所の投票管理者及び事務従事者から事情を聞き取り、厳重に注意した。また、選挙会において開票立会人に事実を説明して謝罪した。さらに庁内会議で本事例を報告し、全職員に対して再発防止に向けた周知徹底を図るとした。

　県選管は当該町選管から事情を聞き取り、原因究明に努め、事務従事者への注意喚起を行って、再発防止に万全を期すよう助言した。

投票関係

投票用紙の交付誤り（選挙人の誤認及び本人確認の誤り）

選挙の分類 参議院／選挙区・比例代表
関係法令 公職選挙法第36条（一人一票）、第48条（代理投票）

> 投票済みの選挙人が、息子の投票所入場券を持って投票所を訪れ、息子本人として選挙人名簿にチェックされて投票用紙が交付された。

　投票日当日、すでに投票を済ませた選挙人が、仕事のために投票に来ることができない息子の投票所入場券を持参し、代理で投票するものとして再度投票に訪れた。投票所入場券の裏面は期日前投票の宣誓書となっており、息子が自署していた。事務従事者は息子による投票として名簿にチェックを入れ、投票用紙を交付、その結果、投票が行われた。

　投票管理者が投票済みの選挙人が投票しているのを見つけ、発覚した。

●事件が起きた理由

　選挙人は代理投票制度を誤解しており、応対した事務従事者は本人確認を怠った。

■事件における対処

　当該市選管は、詐偽投票の疑いで警察に報告し、報道発表を行った。また、全ての投票所に本事案の概要を説明し、確認作業の徹底を指示した。今後は、事務従事者に説明会などで選挙制度や本人確認等について徹底を図り、再発防止に努めるとした。

　県選管は各市町村選管に対し、選挙の厳正な管理執行と信頼確保に取り組むよう、県選管委員長名で通知を発出した。

投票関係

投票用紙の交付誤り（事務従事者の確認不足）

選挙の分類 衆議院／小選挙区・比例代表

関係法令 公職選挙法第48条（代理投票）、第68条（無効投票）第1項第1号及び第2項第1号

> 事務従事者の思い込みから投票用紙を取り違えて異なる選挙の代理記載し、投票が行われた。

期日前投票所において、小選挙区の投票用紙交付係に選挙人から文字が書けないという申し出があったため、事務従事者2人（A及びB）が代理投票の事務を行った。そのうち1人（A）が小選挙区の投票用紙を受け取ったのに、小選挙区は投票済みであると勘違いをして比例代表の投票用紙記載台に案内、投票用紙をよく確認しないまま政党等の代理記載を行い、比例代表の投票箱に投函した。

その後、介助者から候補者名の投票が終わっていないと申し出があったため、もう1人（B）が、比例代表と国民審査の投票用紙をそれぞれの交付係から交付を受け、Aが小選挙区の記載台で比例代表の投票用紙に小選挙区の代理記載を行った。国民審査の投票用紙は正当に代理投票が行われ、投函された。

■事件における対処

当該市選管は、選挙人及びその家族に謝罪。翌日の投票日当日には、事務従事者が適正な事務手順を確認するよう注意喚起を行った。

県選管は当該市選管に対して、事務従事者に制度の趣旨や事務内容について十分説明するよう指導するとともに、各市町村選管には担当者会議等を通じて助言するとした。

056 投票用紙の交付誤り（投票所入場券を2枚持参した選挙人への不適切な対応）

選挙の分類 参議院／選挙区

関係法令 公職選挙法第36条（一人一票）、第45条（投票用紙の交付及び様式）

> 自分と妻の分の2枚の投票所入場券を持参した選挙人に対し、投票用紙を2枚交付した。

　投票日当日、選挙人が2枚の投票所入場券を持参し、妻は病気で来所できないため妻の分は代理で投票したいと申し出た。担当職員は2枚の投票所入場券の名簿対照欄に確認の押印を行い、選挙区の投票用紙交付係に案内をした。選挙区の投票用紙交付係は確認印があるのを見て、当該選挙人に投票用紙を2枚交付し、選挙人は2枚とも投函した。

　次に、比例代表の投票用紙交付係に投票所入場券を差し出したところ、当該交付係が不審に思い、職務代理者に報告して発覚した。職務代理者は妻の分の投票用紙は交付できないことを説明し、当該選挙人は自分の分のみ投票を行った。

■事件における対処

　当該市選管は、投票用紙は当該選挙人にのみ交付されるものであり、その他の人に交付することのないよう、改めて指導を徹底。また、通常の投票行為でない場合は自分で判断せず、投票管理者もしくは職務代理者等の判断を仰ぐよう周知し、注意喚起を図るとした。

●類似事例①

【事象】参議院通常選挙において、選挙人が本人と妻の分の2枚の投票所入場券を持参した。名簿対照係は妻の存在を確認しないまま、照合欄にチェックを入れ、投票用紙交付係に案内をした。選挙区の投票用

投票関係

紙交付係も妻の存在を確認しないまま、投票用紙を交付。その結果、投票が行われた。その後、比例代表の投票用紙交付係が妻の姿がないことに気付き、選挙人に確認をして、二重投票が発覚した。

【対処】当該市選管は直ちに県選管に報告。投票管理者及び職務代理者に事実確認を行い、再発防止を徹底するよう指導した。また、今後は、投票管理者説明会で使用する事務マニュアルに本事例を記載し、再発防止に向けて周知徹底を図ることとした。

県選管は、報道発表を行った。本事例の発生が午後5時20分ごろであり、当該市選管からの報告が午後6時ごろであったため、すでに多くの市町村では投票事務が終了しており、市町村選管に対する通知は行わなかった。

●類似事例②

【事象】衆議院総選挙の期日前投票所において、選挙人が本人と母親の分の2枚の投票所入場券を持参した。名簿対照係は、母親が期日前投票所内にいるものと思い込み、2人分の名簿対照を行い、小選挙区の投票用紙の交付と、比例代表及び国民審査の投票用紙引換券の交付を行った。選挙人は小選挙区について2枚の投票用紙に記載して投函し、比例代表及び国民審査の投票用紙交付係に進んだ。しかし、当該投票用紙交付係が不審に思って尋ねたところ、母親は来ていないことが判明した。

【対処】当該市選管は、事務従事者に対し、選挙人名簿の対照を行う際は、選挙人の性別、年齢などが一致するかを確認してから、一人ひとりに投票用紙を交付することを徹底するよう改めて指導した。

県選管は当該市選管から事情を聞き取り、再発防止の注意喚起を行った。

057 投票用紙の交付誤り（点字投票用紙の交付誤り）

選挙の分類 衆議院／小選挙区・比例代表
関係法令 公職選挙法第35条（選挙の方法）

> 点字投票を希望した選挙人に対し、小選挙区と比例代表の点字投票用紙を取り違えて交付した。

投票日当日、投票所に来所した選挙人から点字投票の申し出があった。投票所では小選挙区、比例代表、国民審査の3種類の点字投票用紙を用意して対応した。

選挙人が小選挙区の投票を終えて、比例代表の記載台で記載していたところ、従事者が誤って小選挙区の点字投票用紙を交付していることに気付いた。このため小選挙区の点字投票用紙を回収し、比例代表の点字投票用紙を交付した。

その後、点字投票用紙の残存枚数を確認したところ、小選挙区と比例代表の点字投票用紙の枚数が一致しなかったため、小選挙区の投票の際に、比例代表の点字投票用紙を交付していたことが判明した。

■事件における対処

当該市選管は市内投票所に対し、点字投票に関する手順を改めて周知し、手順の再確認を徹底した。

県選管は、各市町村選管に対して情報を提供して共有し、再発防止に努めるとした。

●類似事例

【事象】知事選挙と県議会議員選挙の同日選挙において、点字投票を希望した選挙人に対し、知事選挙の点字投票用紙を交付すべきところ、

投票関係

県議会議員選挙の点字投票用紙を交付した。当該選挙人が知事選挙の投票を終え、県議会議員選挙の記載台で投票用紙を渡したところ、選挙人の指摘により誤交付が発覚した。

【対処】当該市選管では、全ての投票所の投票管理者に直接電話をして注意喚起を行った。また、投票事務説明会において、投票管理者及び事務従事者に周知徹底するとともに、選挙事務に当たっては、迅速性よりも正確性が最優先であることも再徹底するとした。

　県選管は当該市選管から事情を聞き取り、今後の事務説明会などで徹底した再発防止策を講じるよう要請した。また、今後、各市町村選管との担当者会議の場で紹介し、注意喚起を行うとした。

058 投票用紙の交付誤り（選挙人名簿との対照未処理での交付）

選挙の分類 県知事

関係法令 公職選挙法第45条（投票用紙の交付及び様式）
公職選挙法施行令第35条（投票用紙の交付）

> 受付での選挙人名簿との対照をせずに投票用紙を交付した。

　期日前投票所において、期日前投票の初日、2人の選挙人に対し、選挙人名簿との対照をせずに投票用紙交付係に案内した。その結果、投票用紙が交付され、投票が行われた。定時確認時に受付済人数と投票用紙の交付枚数が異なっていたため判明した。

●事件が起きた理由

　当該選挙人に対して期日前投票システムによる名簿対照処理をしないまま、次に来所した選挙人の受付をしてしまった。

■事件における対処

　当該選挙人のうち1人は職員が名前を覚えていたため特定でき、もう1人はこの日は期日前投票所では県知事選挙の投票を行ったのみで、県議会議員選挙は別の日に期日前投票所を訪れたため、システムで照合することができた。

　当該市選管は県選管に報告を行い、報道発表を行った。名簿対照係に期日前投票システムの操作の再確認を徹底するとともに、全ての事務従事者にも本事例を周知して再発防止に努めた。

　県選管は当該市選管に対し、該当者を特定することと、投票用紙の二重交付防止に努めること、さらに再発防止に向けた対応等に万全を期すよう指示した。

投票関係

059 投票用紙の交付誤り（不在者投票をすべき選挙人）

選挙の分類 県知事・県議会議員
関係法令 公職選挙法第9条（選挙権）、第49条（不在者投票）

> 不在者投票をすべき選挙人に期日前投票を行わせた。

選挙期日までに誕生日を迎え18歳となり選挙権を取得する17歳の選挙人が期日前投票所を訪れた。本来であればその時点では不在者投票をしてもらうべきであったが、誤って期日前投票を行わせてしまった。

●事件が起きた理由

投票に訪れた時点で満18歳未満の選挙人に対しては、期日前投票システムに期日前投票ができない旨の表示と不在者投票を促す表示が出るが、事務従事者が見落とした。

■事件における対処

当該市選管は、操作マニュアルの熟読と投票しようとする時点の年齢要件についての確認を厳重に指示した。

県選管は各市町村選管に対し、文書により注意喚起を行った。

投票関係

投票用紙の交付誤り
（投票できない選挙）

選挙の分類 県議会議員・市議会議員

関係法令 公職選挙法第 42 条（選挙人名簿又は在外選挙人名簿の登録と投票）、第 43 条（選挙権のない者の投票）

> 選挙権がなく投票できない市議会議員選挙の投票用紙を交付し、その結果、投票が行われた。

　県内の別の市に転出した選挙人が、前住所の期日前投票所である区役所を訪れた。名簿対照により転出から 3 か月未満とわかったので、別の職員が「引き続き証明書」の発行窓口に案内し、選挙人はこの書類を持って投票用紙交付係へ行った。本来であれば、県議会議員選挙のみ投票が可能であるが、市議会議員選挙の投票用紙も交付。この結果、投票が行われた。

●事件が起きた理由

　名簿対照を行った職員から投票用紙交付係の職員に当該市の市議会議員選挙の選挙権を有しない旨の情報が引き継がれなかった。

■事件における対処

　市選管は当該区選管に投票用紙の誤交付が起きないように指導し、他の区選管に対しても周知徹底を行った。
　県選管は各市町村選管に対して情報を提供して共有し、再発防止に努めるとした。

投票用紙の交付誤り（必要情報の共有の怠り）

選挙の分類 参議院／選挙区

関係法令 公職選挙法第42条（選挙人名簿又は在外選挙人名簿の登録と投票）
公職選挙法施行令第35条（投票用紙の交付）

> 選挙人名簿に登録されていない介助者に対し、介助者本人からその旨の申し出があったのにもかかわらず、投票用紙交付係と情報を共有せず、投票用紙が交付された。

期日前投票所に1人では歩行が困難な選挙人が介助者とともに来所した。当該期日前投票所では、名簿対照係2人、投票用紙交付係1人で投票事務を行っており、名簿対照係は介助者からの申し出により、介助者が選挙人名簿に登録されていないことを把握した。しかし、そのことの情報を有しない投票用紙交付係は介助者にも選挙区の投票用紙を交付し、その結果、投票が行われた。名簿対照係がこれに気付いて介助者に投票できないことを伝え、比例代表の投票用紙は回収した。

●事件が起きた理由

名簿対照係は介助者からの申し出が投票用紙交付係にも聞こえているものと思い込み、情報共有を怠った。

■事件における対処

当該市選管は、全ての期日前投票所の投票管理者、投票立会人、事務従事者に本事例を周知し、本人確認と選挙人名簿との照合及び投票所内での情報共有の徹底を行うよう注意喚起をした。また、情報共有を徹底するため投票所内のレイアウトを見直す必要があるところについては、レイアウト変更を指示した。

県選管は各市町村選管に対して本事例を通知し、注意喚起を行った。

投票関係

062 投票用紙の交付誤り
(選挙人名簿に登録された投票所以外での投票)

選挙の分類 県議会議員

関係法令 公職選挙法第44条（投票所における投票）

> 選挙人名簿に登録された投票所以外に来所した選挙人に対し、名簿対照を行っている間に投票用紙が交付された。

投票日当日、当該選挙人の投票所入場券に表記された投票所とは別の投票所に選挙人が来所した。名簿対照係が選挙人名簿と対照している間に、当該選挙人は投票用紙交付係まで移動。投票用紙交付係は名簿対照が終了したものと思って投票用紙を交付し、その結果、投票が行われた。名簿対照係が当該区の選挙人名簿に登録されていないことに気が付いて声を掛けたが、すでに投函されてしまった。

■事件における対処

当該市選管は、事務従事者に配布している投票事務マニュアルに掲載の各係との連携についてわかりやすく表示するとした。また、投票管理者等の説明会において、投票事務の手順について周知徹底を図るとした。

県選管は各市町村選管に情報を提供して共有し、再発防止に努めるとした。

投票関係

063 投票用紙の交付誤り
(選挙人名簿に登録された投票所以外での投票)

選挙の分類 県知事・県議会議員
関係法令 公職選挙法施行令第35条（投票用紙の交付）

> 選挙人名簿に登録された投票所以外に来所した選挙人に対し、名簿対照係はこれに気づかず、投票用紙が交付された。

投票日当日、当該選挙人の投票所入場券に表示された投票所とは別の投票所に選挙人が来所した。名簿対照係は入場券に表示された投票所名が異なることに気付かないまま、投票所入場券に記載されている選挙人名簿のページと番号のみで対照を行い、当該選挙人の名前を確認せずに投票用紙交付係に案内した。その結果、投票が行われた。

■事件における対処

当該市選管は、全ての投票所の投票管理者に電話をし、適切な投票事務を行うよう注意喚起を行った。また、今後は投票事務説明会において、各係の重要事項をまとめた資料を配布するなど、事務従事者に選挙事務を周知徹底するとした。併せて、選挙事務は迅速性よりも正確性が最優先されることを周知徹底し、投票所内が混み合った際にも事務従事者が落ち着いて投票事務を行える体制を構築するなどにより、再発防止に努めたいとした。

県選管は当該市選管から事情を聞き取り、今後は投票事務説明会などで、選挙事務において係ごとに怠ってはならない確認事項をまとめ、再発防止策を講じるよう要請した。また、本事例が混雑時間帯に発生したものであることから、混雑時でも事務従事者が落ち着いて対応できる体制を構築するよう要請した。また、各市町村選管の担当者会議等で本事例を共有し、注意喚起を行うとした。

●**類似事例**

【事象】県議会議員選挙及び市議会議員選挙の同日選挙において当該投票所ではなく、別の投票所で投票すべき選挙人が投票所に来所。名簿対照係は投票所入場券のバーコードを読み取ったが、当日投票システムの受付画面にエラーメッセージが出ていることに気付かず、投票用紙交付係に案内。その結果、投票用紙が交付され、投票が行われた。

【対処】当該市選管は、当該選挙人が本来行くべきだった投票所に投票済みの連絡を行って、二重投票を防止した。また各投票所に本事例の周知を行い、受付時の画面表示を確認してから事務処理を行うことを周知した。さらに今後の選挙に向け、事務従事者への周知徹底を図るとした。

　県選管は当該市選管から事情を聞き取り、再発防止に万全を期すよう要請した。また各市町村選管には、会議等を通じて注意喚起を行うとした。

投票関係

064 投票用紙の交付誤り（不適切な選挙人名簿対照）

選挙の分類 参議院／選挙区・比例代表
関係法令 公職選挙法第42条（選挙人名簿又は在外選挙人名簿の登録と投票）、第43条（選挙権のない者の投票）

> 投票所入場券を持たずに期日前投票所に来所した選挙人について、生年月日のみで検索して選挙人名簿対照を行い、別人と間違えて受け付けた。

　期日前投票所に来所した選挙人（Aさん）が、投票所入場券を持参していなかったため、期日前投票宣誓書に住所、氏名、生年月日を記入してもらい名簿対照を行った。職員は、期日前投票システムを使い生年月日で検索したところ、該当者が1人（Bさん）あったことから、当該選挙人と思い込み、受付を行った。その結果、投票が行われた。

　しかし、約1時間後に宣誓書の整理作業のため、投票者・投票者状況一覧表を確認したところ、システム上は投票済みとなっているBさんの宣誓書がなかった。再度確認したところ、Aさんの宣誓書を見つけ、AさんをBさんと誤って名簿対照を行っていたことがわかった。Aさんは当該投票区の選挙人名簿に登録のない選挙人であった。

●事件が起きた理由

　選挙人名簿との対照を名簿対照係が生年月日のみで検索し、住所や氏名の確認を怠った。

■事件における対処

　当該市選管は、市内の全ての選管に対し、投票受付システム画面での住所、氏名、生年月日の照合等を確実に正確に行うよう周知徹底することを、改めて指導した。

県選管は、市町村選管向けの研修会等を通じて本事例を紹介し、同様の誤りが発生しないよう注意喚起をするとした。

●類似事例①

【事象】衆議院総選挙において、投票日当日、投票所に選挙人が来所。投票所入場券を持っていなかったため、名簿対照票に氏名、生年月日等を記入してもらい、当日投票システムで生年月日をもとに検索して受け付けた。その後、名簿対照票と紙の選挙人名簿抄本との照合を行ったところ、当該選挙人の情報が登録されていないことから、当該選挙人の氏名、住所が酷似した同一生年月日の別の人と間違えたことが発覚した。

【対処】当該市選管は、市内の全ての投票所に受付手順や確認項目の点検について改めて周知し、再確認を徹底するよう指導した。

　県選管は、各市町村選管に情報を提供して共有し、再発防止に努めるとした。

●類似事例②

【事象】参議院通常選挙において、投票日当日、投票所へ選挙人が来所。投票所入場券を持っていなかったため、名簿対照票に住所、氏名、生年月日を記入してもらい、当日投票システムで生年月日をもとに検索を行った。当該選挙人とは別の選挙人が表示されたが、十分確認せず受け付けた。別の職員が確認作業を行ったところ、他市から2か月前に転入した者で、当該市での投票要件である選挙人名簿の登録要件を満たしていなかったことがわかった。

【対処】当該市選管は、市内各区の選管に対し、受付時におけるシステム画面での確認を周知徹底するよう指導した。

　県選管は、各市町村選管に情報を提供して共有し、再発防止に努めるとした。

投票用紙交付の誤り
（選挙人名簿対照の未実施）

選挙の分類 衆議院／小選挙区・比例代表、国民審査

関係法令 公職選挙法第42条（選挙人名簿又は在外選挙人名簿の登録と投票）、第43条（選挙権のない者の投票）、第48条の2（期日前投票）

> 期日前投票所で点字投票を申し出た選挙人に対し、宣誓書の提出を受けず、かつ、選挙人名簿との対照をしないまま、投票用紙を交付した。

期日前投票所において、来所した選挙人から点字投票の申し出があり、当該選挙人を記載台に案内して、小選挙区、比例代表、国民審査の投票を行ってもらった。

選挙人が退所後、庶務係が期日前投票宣誓書の点字投票の実施の記載を確認しようとしたところ、宣誓書の提出を受けていないことと、期日前投票システムによる名簿対照を行っていなかったことが判明した。

●事件が起きた理由

複数の事務従事者が対応を引き継ぐうち、絶対的要件である宣誓書の回収と名簿対照の手順が抜け落ちた。

■事件における対処

当該市選管は、宣誓書の提出を受けることと選挙人名簿対照の実施を確実に行うように指導を徹底すること、また、これらの事務を担当する職員間で情報伝達を十分行うよう、注意喚起を行った。

県選管は当該市選管に対し、再発防止に努めるよう指導した。また、各市町村選管には、担当者会議等を通じて助言を行うとした。

066 投票用紙の交付誤り（他市で登録された選挙人）

選挙の分類 衆議院／小選挙区・比例代表、国民審査
関係法令 公職選挙法施行令第 29 条（住所移転者の投票）

> 県内の転出先の市の選挙人名簿に登録されている選挙人に対し投票用紙を交付し投票させた。

投票日当日、投票所に来所した選挙人を名簿対照したところ、約3か月半前に転出したことと県内他市の転出先で登録済という表示があったが、そのまま小選挙区、比例代表、国民審査の投票用紙を交付し、その結果、投票が行われた。

●事件が起きた理由

選挙人が投票所入場券を持参していたため、転出して県内他市の転出先で登録済であるという表示を見逃した。

当該市では、転出後4か月経過抹消前の選挙人に対して投票所入場券を送付しているが、転出先の市町村で登録されている可能性がある選挙人には転出先の市町村選管に確認を促す文書を同封している。しかし、本事例では、選挙人による確認が行われなかった。

■事件における対処

当該市選管は直ちに当該投票所を巡回し、事務従事者に対し、改めて選挙人名簿抄本の照合と確認を徹底すること、転出の表示がある者が来所した場合は選管事務局に確認するよう指示した。

県選管は当該市選管から事情を聞き取り、転出先の市町村と連絡を取り合って事実の把握に努めるよう助言。また、再発防止に万全を期すよう要請した。

投票用紙の交付誤り（受付登録の誤り）

選挙の分類 参議院／選挙区・比例代表

関係法令 公職選挙法第36条（一人一票）、第44条（投票所における投票）、第48条の2（期日前投票）、第66条（開票）

> 期日前投票システムの選挙人名簿との対照で別の選挙人と間違えて受付をした。

投票日当日、投票所に選挙人（Aさん）が来所、選挙人名簿との対照を行ったところ「投票済」の表示があったため本人に確認すると、投票はまだ行っていないと申告があった。

期日前投票の履歴には「投票済」となっているので、記録にある日を含め前後2～3日間の期日前投票宣誓書を確認した。しかし、当該選挙人の宣誓書の存在は確認できず、投票の有無を確認できなかったため、仮投票を行ってもらった。

その後、期日前投票システムで、Aさんが期日前投票をしたと記録された日の全ての期日前宣誓書を確認したところ、BさんをAさんと誤って受け付けていたことが発覚した。

●事件が起きた理由

本人確認を怠ったことに合わせ、期日前投票システムの画面上において、受付時に通常とは異なる操作を行ったことが原因と見られた。

■事件における対処

当該市選管は直ちに投票所と連絡を取り、Bさんが投票所に来ていないことを確認し、当日投票不可の扱いとした。Aさんの仮投票については、開票開始時時点において開票管理者が開票立会人の意見を聞いた上で受理することに決定した。

事務従事者には事前研修で再発防止に向けた指導をし、期日前投票システムの操作可能範囲の限定や改修に向けてシステム業者と協議して調整を行うとした。

県選管は各市町村選管に情報を提供して共有し、再発防止に努めるとした。

068 投票用紙の交付誤り（宣誓書のチェックミス）

選挙の分類 衆議院／小選挙区・比例代表、国民審査
関係法令 公職選挙法第 45 条（投票用紙の交付及び様式）
公職選挙法施行令第 35 条（投票用紙の交付）

２つの選挙区の期日前投票所が隣接して設置された市庁舎で、誤って別の選挙区の期日前投票所に案内をした。

市内の A 選挙区及び B 選挙区の期日前投票所を隣接して設置する市庁舎に A 選挙区の選挙人が来所。投票所入場券を持っていなかったため、期日前投票宣誓書で受付を行った。しかし、事務従事者は宣誓書の投票場所欄に誤って B 選挙区とチェックをしてしまい、B 選挙区の期日前投票所で投票を行うよう案内した。

●事件が起きた理由

期日前投票登録システムと期日前投票宣誓書を対照する際、A 選挙区の選挙人であるという表示を見落とした。

■事件における対処

当該市選管は、全ての事務従事者に対し、確実な事務処理の厳守を徹

底した。受付時には期日前投票宣誓書の現住所欄にレ点を付け、該当する期日前投票所の区名を丸印で囲むことで期日前投票所の誤記載防止を図るとした。また、名簿対照時は、期日前投票宣誓書の住所と該当する期日前投票所を確認した上で、期日前投票システムを操作すること、複数名で確認して事務処理をすることとした。

　県選管は、報道機関に資料の提供を行った。また各市町村選管に対し、同様の誤りが起きないよう通知をした。

●類似事例

【事象】衆議院総選挙においてＡ区及びＢ区、2つの選挙区の期日前投票所を併設していた施設にＡ区の選挙人が来所。当該選挙人は投票所入場券を持参していなかったため再発行入場券で対応した。期日前投票システムに「この方はＡ区です」と表示されたが、誤ってＢ区に印を付けて案内をした。選挙人から「投票したい候補者がいない」と言われたが、「候補者を選びようがない」という意味だと勘違いして、案内を見直さずに投票用紙を交付、その結果、投票が行われた。

【対処】区選管は、当該選挙人宅を訪問して謝罪。事務従事者には名簿対照の際に期日前投票システムのパソコン画面の表示をよく見て対応するよう周知徹底した。また、この注意書きをパソコン横に貼り出して注意喚起をするとした。

069 投票用紙の交付誤り（市外への転出者）

選挙の分類 市長・県議会議員

関係法令 公職選挙法施行令第29条（住所移転者の投票）、第35条（投票用紙の交付）

> 投票日当日、市外への転出者に対し、市長選挙の投票用紙を交付。また、「引き続き住所を有する旨の証明書」の提示がないまま、県議会議員選挙の投票用紙も交付した。

4月12日執行の市長選挙と県議会議員選挙の同日選挙において、3月24日に市外へ転出した者に市長選挙の投票用紙を交付し、その結果、投票が行われた。また、県議会議員選挙については「引き続き住所を有する旨の証明書」を提示してもらわなければならないところ、確認せずに投票用紙を交付し、その結果、投票が行われた。

●事件が起きた理由

当該市選管は3月中旬に整理した選挙人名簿により投票所入場券を作成し発送しており、当該者はこれを持って来所した。選挙人名簿の備考欄に転出済という表示があったが、名簿対照係がこれを見落とした。

■事件における対処

当該市選管は、本事例が昼食のために事務従事者が交代したときに起きたものであるため、当該区選管に対して、交代時には注意事項等の事務を確実に引き継ぐよう徹底した。また、全ての投票所に周知した。

県選管は当該区選管から事情を聞き取り、再発防止に万全を期すよう注意を促した。

●類似事例

【事象】衆議院総選挙において、投票日当日、市外へ転出して4か月が
経過していた人に対して、小選挙区、比例代表、国民審査の投票用紙
を交付し、その結果、投票が行われた。

【理由】この選挙の執行日は10月22日。当該者の市外転出は6月18日
であったため、転出先で登録が確認されていないことを確認の上、投
票所入場券を発送していた。選挙人名簿には、10月19日以降は転出
後4か月となり抹消されるため投票できないことを表示していたが、
事務従事者はその詳細を承知していなかった。

【対処】当該市選管は、当該投票所の庶務係（事務責任者）からの連絡
を受け、報道発表を行った。

　県選管は当該市選管に対し、チェック体制の見直し等を図るよう指
導。また各市町村選管には、担当者会議等を通じて積極的に助言を行
うとした。

投票関係

070 投票用紙の交付誤り（事務従事者の誤認）

選挙の分類 県知事

関係法令 公職選挙法第９条（選挙権）第３項
公職選挙法施行令第34条の２（引き続き都道府県の区域内に住所を有する旨の証明書）、第35条（投票用紙の交付）

> 市外に転出し、選挙人名簿に登録されていない者に投票用紙を交付し投票させた。

　期日前投票所に、市外に転出した者が他市発行の投票所入場券（はがき）を持って来所した。事務従事者はこれを「引き続き都道府県の区域内に住所を有する旨の証明書」と誤認し、期日前投票宣誓書に記入してもらい、投票用紙を交付。その結果、投票が行われた。

●事件が起きた理由

　事務従事者は、当該人が県内の他市へ転出したものの当該市において選挙権を有すると思い込んだ。また、宣誓書の内容を選挙人名簿と対照しなかった。

■事件における対処

　当該市選管は、事務従事者に対し、選挙人名簿の登録地でなければ投票用紙を交付できないという原理原則を徹底。引き続き証明の取り扱いについても周知を図った。また、投票日当日の投票管理者に対して注意喚起を行った。当該者の選挙人名簿登録地の選管に対しては、一人一票の原則から、当該者が県知事選について投票済みであることを通知した。

　県選管は当該市選管に対し、投票用紙の交付に際しては必ず選挙人名簿、もしくはその抄本と照合することを徹底するよう助言した。各市町村選管には、担当者会議等を通じて注意喚起を行うとした。

投票関係

> **選挙の分類** 県議会議員・市議会議員
> **関係法令** 公職選挙法第44条（投票所における投票）

> 選挙人名簿に登録されていない者について区選管に確認をしたところ、県内引き続き居住の確認依頼と勘違いして投票可能と回答があり、投票用紙を交付し投票させた。

期日前投票所に来所した者に対し、選挙人名簿で対照を行ったが、登録されていなかった。期日前投票所の事務従事者が区選管本部に連絡したところ、この連絡を区選管本部では県内引き続き居住の確認依頼と勘違いして、住民基本台帳ネットワークシステムの情報のみで判断。期日前投票所の事務従事者に対し、確認が取れたため投票できると回答した。

回答後に当該者が選挙人名簿には登録されていないことに気付いて期日前投票所に連絡をしたが、投票を終えたあとだった。

■**事件における対処**

当該区選管は、投票所からの確認依頼の処理手順を改めて明確化し、各投票所及び区選管本部で投票事務を行う事務従事者への事前説明を徹底するとした。

当該市選管は区選管に対し、事務処理の徹底を指導した。

県選管は各市町村選管に対して、事務従事者に制度の趣旨や事務内容について十分な説明を行い、事務処理に万全を期すよう担当者会議等を通じて注意喚起を行うとした。

072 投票用紙の交付誤り（選挙権のない者の投票）

選挙の分類 衆議院／国民審査

関係法令 公職選挙法第43条（選挙権のない者の投票）、第48条の2
（期日前投票）
公職選挙法施行令第35条（投票用紙の交付）
最高裁判所裁判官国民審査法第4条（審査権）

選挙権のない10歳代の者に国民審査の投票用紙を交付した。

期日前投票所に選挙人の母親と一緒に来ていた10歳代の者に対し、投票用紙交付係が、国民審査の投票用紙を交付した。受け取った者は記載台には行かず、そのまま母親と一緒に投票用紙を投函した。その後、他の事務従事者が気付いて交付誤りが判明した。

●事件が起きた理由

期日前投票所が混雑しており、投票用紙交付係は目の前にいた10歳代の者は選挙人名簿との対照が済んでいると思い込んだ。

■事件における対処

当該市選管は、期日前投票所及び投票所が混雑している場合は、選挙権のない18歳未満の同伴者は入口付近で待ってもらうようにお願いするとした。事務従事者には混雑していても落ち着いて事務を行うことを徹底。投票管理者や投票立会人には、選挙人名簿との対照を終えた選挙人に投票用紙が交付され、投票が行われていることの確認の徹底を依頼した。県選管に報告し、当該投票については結果として有効投票とした。

県選管は各市町村選管には、担当者会議等を通じて再発防止に努めるとした。

投票関係

073 投票用紙の交付誤り（システム設定の誤り）

選挙の分類 県知事・県議会議員

関係法令 公職選挙法第42条（選挙人名簿又は在外選挙人名簿の登録と投票）、第44条（投票所における投票）第2項
公職選挙法施行令第29条（住所移転者の投票）第1項

> 選挙人名簿に未登録の時点で投票用紙を交付した。

期日前投票所に当該町に転入してから3か月を経過した者が来所し、投票所入場券のバーコードを読み取って名簿対照を行い、投票用紙が交付され、投票が行われた。しかしその後、選挙人名簿抄本と対照したところ、この日の時点では期日前投票をすることができないことが判明した。

●事件が起きた理由

県知事選挙の選挙時登録日は3月20日、県議会議員選挙の選挙時登録は3月28日。当該者の転入から3か月が経過するのは3月25日であったため、3月28日の県議会議員選挙の選挙時登録をもって登録となり、この日以降であれば県知事選の投票も可能になる。当該町選管は、効率的な事務を行うため、県知事選挙及び県議会議員選挙では、県議会議員選挙の選挙時登録の基準日で投票所入場券を発行、送付していた。このとき、3月20日には投票ができないが28日には投票が可能となる者には、3月28日以降であれば投票ができる旨の通知文を同封していた。

当該者が来所したのは3月25日。期日前投票システムは、県議会議員選挙の選挙時登録基準日で設定されていたため、「投票できない者」という表示が出なかった。

■事件における対処

当該町選管は、選挙人名簿抄本と対照した後で投票用紙を交付するこ

投票関係

114

ととし、事務従事者には取り扱いに注意するよう周知徹底、再発防止に努めるとした。また、システムについてはそれぞれの基準日で投票所入場券の発行、発送を行うなど、事務に混乱を生じない運用に努めるとした。

　県選管は関係者に対して速やかな説明と謝罪を行い、報道発表を行うこと、再発防止への取り組みを助言した。各市町村選管には、担当者会議等を通じて注意喚起を行うとした。

●類似事例

【事象】県議会議員選挙及び市議会議員選挙の同日選挙の期日前投票所において、来所者から、「市外に転居しているが投票できるか」という問い合わせがあった。職務代理者に報告をして期日前投票システムで確認したところ、どちらの選挙も選挙権があるという表示になっていたため、投票用紙を交付。その結果、投票が行われた。しかし、職務代理者が当該選挙人名簿の異動状況を確認したところ、来所した日の約1週間前に市外転出しており、市議会議員選挙については投票ができない者であった。

【理由】プログラムに不具合があり、選挙権があると表示された。

【対処】当該市選管は市内の全ての投票所に対し、受付手順や確認項目の点検について改めて周知し、徹底を図るよう指導した。

　県選管は、各市町村選管に情報を提供して共有し、再発防止に努めるとした。

074 投票用紙の交付誤り（期日前投票宣誓書の運用誤り）

選挙の分類 衆議院／小選挙区・比例代表

関係法令 公職選挙法第48条の2（期日前投票）
公職選挙法施行令第49条の8（期日前投票の事由に該当する旨の宣誓書）

> 期日前投票宣誓書の必要性等について説明を受けている間に、別の選挙人が説明を受けている選挙人の書きかけの宣誓書に記載して受付を済ませ、投票用紙の交付を受けた。

期日前投票所に来所した選挙人（Aさん）が期日前投票宣誓書に氏名のみを記載した状態で、宣誓の必要性等を選管書記に詰問したため、選管書記は別室へ移動して説明をし、納得してもらった。その間、Aさんが氏名を記載した宣誓書は記載台に置かれていたが、Aさんが戻ったときに見当たらなかった。投票所入場券と宣誓書を確認したところ、別の選挙人（Bさん）がAさんの書きかけの宣誓書に記載して受付をし、投票用紙を交付されて、投票を行ったことがわかった。

■事件における対処

当該市選管は、本事例が大変混雑していた時間帯に起きたことから、名簿対照係などに対し、混雑していても落ち着いて本人確認や資格確認を行うよう指導した。今後は、①期日前投票所に宣誓書記載の根拠や必要性を掲示し、事務従事者もわかりやすい説明に努めること、②事務従事者には毎朝、各業務の注意点を説明し、混雑時は選管職員等から落ち着いて業務を進めるよう声掛けをすること、③事務従事者数を見直すことで対応するとした。

県選管は、今後も期日前投票制度を利用する人が増える可能性を考え、各市町村選管には、担当者会議等を通じて注意喚起を行うとした。

●類似事例

【事象】衆議院総選挙の期日前投票所に、選挙人2人が来所。期日前投票を行う理由は個人情報に当たると主張して、期日前投票の事由に該当する旨の宣誓書の提出を拒否した。事務従事者が説明したが理解を得られず、市選管に連絡。市選管事務局の職員からも宣誓書の提出が必要であることを説明した。それでも理解が得られなかったが、選挙人名簿と照合して本人確認ができたことから投票用紙を交付した。その結果、投票が行われた。

【対処】当該市選管は、全ての期日前投票所に当該宣誓書は法令の規定により選挙人が提出しなければならないことを周知徹底した。

　県選管は、当該宣誓書の提出は法令により規定されている旨の確認をし、報道発表を行うよう助言した。

075 投票用紙の交付誤り（不在者投票）

選挙の分類 衆議院／小選挙区・比例代表

関係法令 公職選挙法第45条（投票用紙の交付及び様式）
公職選挙法施行令第35条（投票用紙の交付）

本来投票ができない他の自治体の人に投票用紙を交付した。

　投票日当日、他の市の選管から不在者投票用紙等一式を交付された選挙人が来所した。事務従事者と事務主任は3人で協議し、当該区の選挙人と同様に不在者投票用紙等を一式返還してもらえば投票ができると考え、投票用紙を交付した。その結果、投票が行われた。

　投票終了後、疑問を感じた事務従事者が再度マニュアルを確認して誤りに気付いた。

■事件における対処

　当該区選管は、全ての投票所に対し、不在者投票など当日投票の事務処理とは異なる場合は必ず事前に区選管事務局に事務手続きを確認すること、選挙人の投票に当たっては必ず名簿対照することを緊急メールで配信し、周知徹底を図った。今後はマニュアルの記載内容を見直し、事務従事者の説明会等での周知を図るとした。

　県選管は当該区選管から事情を聞き取り、マニュアルの整備や確認作業の見直し等を行うとともに、区選管の確認体制を強化するなど、再発防止に万全を期すよう要請した。

●類似事例

【事象】参議院通常選挙の投票日当日、他の市選管から不在者投票用紙等一式を交付された者が来所した。事務従事者は取り扱いを確認するため、自らの市選管に連絡。市選管の職員は、投票用紙一式を預かって投票させてよいと誤って回答した。このため投票所では投票用紙を交付、その結果、投票が行われた。その後、市選管に報告を行ったところ、別の職員が誤りに気付いた。

【対処】当該市選管は、全ての投票所に対して、選挙人が不在者投票用紙等一式を持参した場合の対応について、改めて周知徹底した。

　県選管は、各市町村選管に情報を提供して共有し、再発防止を図るとした。

投票関係

投票用紙の交付誤り
（不在者投票）

選挙の分類 参議院／選挙区・比例代表
関係法令 公職選挙法施行令第53条（投票用紙、投票用封筒及び不在者投票証明書の交付）

> 投票日当日は市外転出後4か月経過で選挙人名簿から抹消されるため不在者投票ができない選挙人からの請求にもかかわらず、不在者投票用紙等一式を送付した。

　市外に転出した選挙人から、不在者投票の請求があった。当該選挙人は請求日時点では選挙人名簿に転出表示付きで登録されているが、投票日当日は転出後4か月を経過するため選挙人名簿から抹消される。市選管では期日前投票の場合は投票が可能であるため、同様の手続きであると勘違いして、不在者投票用紙等一式を送付した。その結果、不在者投票が行われた。

　投票済の投票用紙を受け取り、不在者投票が行われたことを投票システムに入力しようとしたがシステム上入力できなかったため、誤りに気が付いた。

■事件における対処

　当該選挙人に経緯を説明して謝罪した。今後は選管事務職員の能力向上に努めるとともにシステム入力時に警告画面が出るようシステム改修をするとした。

投票関係

選挙の分類 参議院／選挙区・比例代表
関係法令 公職選挙法第49条（不在者投票）

> 不在者投票を希望した選挙人に対し書類を送ったが、投票用紙
> の封入を失念してしまった。

　不在者投票用紙の交付を請求した選挙人が、投票日前日、書類等一式
が入った封筒を居住地の選管に持ち込んだ。当該選管の職員が開封したと
ころ、投票用紙が封入されておらず、投票することができなかった。

●事件が起きた理由

　当該町選管では、不在者投票用紙を送付する際、不在者投票封筒や
不在者投票証明書などの書類を準備した後、施錠した保管庫から投票用
紙を取り出して封筒に入れていた。しかし本事例では、送付担当者が投
票用紙の封入を忘れた。

■事件における対処

　当該町選管は、選挙人の居住地の選管から連絡があった後、選挙人に
対して謝罪し、報道発表を行った。

投票関係

078 不在者投票用封筒の交付誤り

選挙の分類 参議院／比例代表
関係法令 公職選挙法第 45 条（投票用紙の交付及び様式）第 1 項

> 不在者投票用の封筒ではなく、特定国外派遣組織に属する選挙人用の封筒を交付した。

市選管は不在者投票の申し出があった 7 人の選挙人に対し、通常の投票用外封筒を交付すべきところ、特定国外派遣組織に属する選挙人用の投票用外封筒を交付した。

■事件における対処

7 人のうち 5 人は投票前であったため、特定国外派遣組織に属する選挙人用の投票用外封筒を回収し、適正な封筒を交付した。2 人については差し替える時間がないと判断し、選挙人に対してそのまま使用して当該町選管に提出するよう依頼した。本事例について県選管に報告し、報道発表を行った。

県選管は当該市選管から事情を聞き取り、報道発表を行うとともに、再発防止に万全を期すよう要請した。各市町村選管には、担当者会議等を通じて注意喚起を行うとした。

投票関係

投票用紙の交付誤り
（不在者投票指定施設）

選挙の分類 県議会議員
関係法令 公職選挙法第49条（不在者投票）

> 不在者投票指定施設において、市選管から交付された投票用紙を他市の選挙人に交付した。

不在者投票指定施設において不在者投票が行われた際、当該施設では市選管から交付された投票用紙を当該市以外の選挙区の選挙人に交付した。当該者は転居したばかりで、不在者投票の希望もしていなかった。立会人が投票予定者の名簿と照合して、誤りが判明した。

●事件が起きた理由

当該施設では市選管に送った不在者投票用紙等の請求書の写しではなく、事前に任意で作成した名簿によって選挙人を確認していた。

■事件における対処

当該施設では、立会人が誤りに気付いてすぐ投票手続きを中断して、当該市選管に報告。市選管は県選管に報告を行った。

県選管は当該市選管から報告を受けて直ちに対処法を助言し、かつ事実確認を行うよう依頼した。また選挙後に当該市選管と当該施設を訪問して事情を聞き取り、再発防止に万全を期すよう指導した。後日予定されている選挙に向けて県内全ての不在者投票管理者に通知をし、再発防止の注意喚起を行った。

●類似事例①

【事象】参議院通常選挙の際、不在者投票指定施設において、選挙人名

簿登録地が異なる2人の選挙人に対して、それぞれの市選管から交付された投票用紙等を取り違えて交付し、その結果、投票が行われた。

【対処】当該市選管は県選管に報告するとともに、2つの市選管と連携し、当該施設から投票済の封筒を返還してもらい、改めて投票用紙と封筒を交付して投票を行ってもらった。

県選管は当該市選管から事情を聞き取り、誤交付された投票用紙等の取り扱いについて助言した。また、不在者投票指定施設に対する説明会等の機会を通じて、厳正な管理執行について周知啓発を行うとした。

●類似事例②

【事象】衆議院総選挙の際、不在者投票指定施設において、所在地の県内A市の選挙人から比例代表の封筒の中に小選挙区の投票用紙があるとの申し出があった。施設の担当者はよく確認しないまま、県内B市の選挙人用に用意していた比例代表の投票用紙を交付した。

不在者投票後に点検を行ったところ、A市に送るべき小選挙区の投票用紙が1枚多く、B市に送るべき比例代表の投票用紙が1枚少なかったため、申し出があった選挙人に対して小選挙区の投票用紙を回収したあと、比例代表の投票用紙を2枚交付していたことが判明した。当該施設では93人から不在者投票の申し込みがあったが、実際に投票を行ったのは68人。

【対処】当該施設は報道発表を行った。

県選管は当該施設から報告を受けて施設を訪問し、事情聴取をして、再発防止に向けた指導を行った。また、A市、B市の選管には、投開票の際の取り扱いについて指導を行った。市町村選管の委員長、書記長の会議及び不在者投票指定施設の説明会で本事例を紹介し、再発防止に努めるとした。

●類似事例③

【事象】衆議院総選挙の際、不在者投票指定施設において、不在者投票用紙等一式を受け取った選挙人（Aさん）が候補者名を確認するた

め、交付を受けた外封筒と内封筒を受付に預けて一旦退出した。受付にいた施設の担当者が、次の選挙人（Bさん）に不在者投票用紙等一式を交付する際、Aさんから預かった投票用紙の入った内封筒も一緒に渡してしまった。Bさんは投票用紙1枚に記載して内封筒に入れ、誤って交付された投票用紙入りの内封筒と一緒に外封筒に入れて投票を行った。

【対処】当該市選管は当該施設から事情を聞き取った。

　県選管は当該施設から事情を十分に聞き取った上で対応について助言した。当該市選管に対しては開票における留意点について助言した。また、各市町村選管には、交付誤り等の防止を徹底するよう通知した。

投票用紙の未交付
（事務従事者の確認誤り）

選挙の分類 市長・市議会議員
関係法令 公職選挙法第45条（投票用紙の交付及び様式）
公職選挙法施行令第35条（投票用紙の交付）

> 選挙人が2つの選挙のうち1つの選挙のみ投票したが、投票所入場券には両方の選挙ともチェックをしてしまったため、残り1つの選挙について投票用紙未交付の選挙人を特定することができなくなった。

期日前投票所において、市議会議員選挙、市長選挙の順に投票用紙を交付していた。名簿対照を受けた後、市議会議員選挙の投票用紙交付係を経由せず、市長選挙の投票用紙の交付を受けて投票を行った選挙人がいた。定期的な残数チェックを行っていたところ、市議会議員選挙の投票用紙の交付枚数が市長選挙の投票用紙の交付枚数よりも1枚少ないことから未交付が判明した。

投票所入場券には投票用紙交付時にチェックをするが、市長選挙の投票用紙交付係が市議会議員選挙の分は付け忘れたものと判断してチェックをしてしまったため、当該選挙人を特定することができなかった。

■事件における対処

当該市選管は、当該期日前投票所の動線を見直すとともに、全ての期日前投票所及び当日投票所に注意喚起を行った。また、報道発表を行う際、本事案が生じた期日前投票所名、時間及び選挙人の性別を伏せておき、当該選挙人から申し出があった場合に、聞き取りの上で仮投票ができるように備えた。

県選管は、当該市選管に対して再発防止に万全を期するよう要請、今後は各市町村選管に担当者会議等を通じて注意喚起を行うとした。

投票関係

081 投票用紙の未交付
（事務従事者の不注意）

選挙の分類 衆議院／比例代表、国民審査
関係法令 公職選挙法第 45 条（投票用紙の交付及び様式）
公職選挙法施行令第 35 条（投票用紙の交付）

> 比例代表、国民審査は未投票であるのに、投票済みと判断して投票用紙を交付しなかった。

　投票日当日、小選挙区、比例代表、国民審査の投票用紙への記載を 1 か所に並べた 3 台の記載台で行っていた。小選挙区の投票を終えた選挙人に対し、比例代表、国民審査の投票用紙を同時交付すべきところ、投票用紙交付係は既に全ての投票を終えていると勘違いをして投票用紙を交付しなかった。

■事件における対処

　当該市選管は県選管に報告し、報道発表を行った。また、全ての投票所の投票管理者に対し、小選挙区、比例代表、国民審査の投票用紙への記載を同じ記載台で行っている投票所がないかを確認、該当する投票所には小選挙区と比例代表・国民審査は別の記載台を用いるよう指導した。
　県選管は、直ちに事実確認を行った上で報道発表を行い、同様の事案の再発防止に向けた措置を取ることと注意喚起を行うよう助言した。

投票関係

082 投票用紙の未交付
（選挙人名簿の登録と期日前投票との関係の理解不足）

選挙の分類 参議院／選挙区・比例代表

関係法令 公職選挙法第27条（表示及び訂正等）、第28条（登録の抹消）、第48条の2（期日前投票）

> 選挙人名簿の運用を誤り、転出から4か月経過していない選挙人に対し、投票できないと誤った案内を行った。

　期日前投票所において、投票所入場券を持たずに来所した選挙人に対し、期日前投票宣誓書に記入してもらい、選挙人名簿との対照を行った。すると、期日前投票システムの画面に「該当の選挙人は期間中4か月抹消者です」と警告メッセージが表示された。このため事務従事者は、当該選挙人は選挙人名簿から抹消されていると思い、投票はできないことを説明して退所してもらった。

　その後、当該選挙人が当該区及び当該県の選管に電話で問い合わせ、当該区選管が改めて確認したところ、次のことが判明した。

　当該選挙人は3月8日に当該市から転出しているが、転出後4か月を経過するまでは抹消されないため、7月8日までは当該市の選挙人名簿に登録されている。このため、7月8日までは当該市で期日前投票が可能であった。なお、投票日は7月10日であったため、7月9日の期日前投票及び7月10日の選挙期日の投票はできない状況であった。

■事件における対処

　本事例の翌日、当該区選管から当該選挙人に連絡をしてお詫びをし、7月8日までは期日前投票が可能なことを伝えた。当該選挙人は期日前投票が可能な期間に再来所し、投票を行った。

　当該市選管は、各区選管に対し、期日前投票の期間内に転出後4か月

投票関係

を経過する選挙人については、警告メッセージが表示されても選挙人名簿から抹消される前であれば期日前投票ができることを周知した。また、事務従事者は全ての警告メッセージが表示された場合に確かめる事項を再確認した。

警告メッセージの表現について、今後、誤解が生じないよう、期日前投票システムの見直しを行うとした。

083 投票用紙の未交付 (投票資格の誤解)

選挙の分類 県議会議員
関係法令 公職選挙法第43条(選挙権のない者の投票)

> 選挙期日までに県外に転出すると聞き、選挙権を有しないと誤判断をして、期日前投票を断った。

期日前投票所に来所した9人から、選挙期日までに県外に転出する予定であるという申し出があった。職員は、選挙権がない旨を説明し、期日前投票を断った。

●事件が起きた理由

県外への転出日より前であれば期日前投票が可能であるのにもかかわらず、選挙期日より前に転出する場合は選挙権がないと誤認していた。

■事件における対処

当該市選管は、翌日、当該の選挙人9人に電話または訪問によって謝罪、改めて投票を依頼した。9人のうち3人が投票を行った。また。期日前投票の職員には、期日前投票の選挙権について再確認し事務処理に

は細心の注意を払うこと、安易に自己判断しないこと、複数人による確認を行うことを徹底した。

　県選管は当該市選管から事情を聞き取り、期日前投票制度と県議会議員選挙における選挙権の捉え方を改めて詳細に説明した。また、各市町村選管にも、周知徹底するよう要請した。

084 代理投票における投票事務の誤り

選挙の分類 市長・市議会議員
関係法令 公職選挙法第48条（代理投票）

　代理投票を行った際、代理記載者が投票用紙に、記載する必要のない「代理」の文字を記載した。

　期日前投票所において選挙人から代理投票の申し出があったため、事務従事者2人がそれぞれ投票の補助者として代理記載者、立会者となり、代理投票を行った。代理記載者が投票用紙に候補者氏名を記載した際、氏名記載の枠外に必要のない「代理」の文字を記載したが、立会者はこれを見落としたため、投函が行われた。

■事件における対処

　本事例については候補者氏名以外の他事を記載した「他事記載」として無効になる可能性があったが、「他事記載」には当たらないという判例が見つかったため有効投票とした。

　当該市選管は事務従事者に対して事務の適正な執行を周知した。

　県選管は当該市選管からの報告を受け、県選管からも市選管の報道資料を報道機関に提供した。

●類似事例

【事象】県議会議員選挙及び市議会議員選挙の同日選挙の期日前投票所に
　　　おいて、選挙人の申し出により代理投票を行った。市議会議員選挙の
　　　投票用紙にどの候補者名を記載するのかを確認する際、誤って県議会
　　　議員選挙の氏名表示を提示し、選挙人が指で示した候補者名を記載し
　　　て投函した。県議会議員選挙の代理投票を行う段階で誤りに気付いた。

【対処】当該市選管は、2つの選挙の期日前投票が行われる期日前投票
　　　所に対して、投票用紙の色と氏名等掲示の色を同色にしているので、
　　　取り違えることのないよう再度注意喚起して徹底を図るとした。
　　　　県選管は各市町村選管に情報を提供し、再発防止に努めるとした。

投票関係

085 代理投票における投票事務の誤り

選挙の分類 町長

関係法令 公職選挙法第52条（投票の秘密保持）

> 代理投票を行った際、記載した候補者名を読み上げて確認した。

　投票日当日、選挙人からの代理投票の申し出により代理投票を行った。投票用紙に記載した候補者名を確認する際、代理投票の補助をする事務従事者が誤ってその候補者名を読み上げてしまい、周囲に投票情報が漏れてしまった。

　なお、周囲にいたのは投票管理者、投票立会人、事務従事者、付き添いの家族及びヘルパー。

■事件における対処

　当該市選管は、代理投票の補助をする事務従事者に対し、候補者名を読み上げるのではなく指差し確認等で行うよう指導を徹底。他の選挙人や投票管理者、投票立会人等に情報が漏れないような投票事務の改善に取り組むとした。

　県選管は、今後、同様の事案が発生しないよう、再発防止を徹底するように助言した。また、各市町村選管に情報を提供して共有し、再発防止の意識を共有するとした。

投票関係

131

投票開始時の投票箱が空である旨の確認誤り

選挙の分類 参議院／比例代表

関係法令 公職選挙法第228条第2項（投票干渉罪）
公職選挙法施行令第34条（投票箱に何も入つていないことの確認）

> 中身が空であることを確認していない投票箱に投票用紙の投函が行われ、さらにそれを見ていなかった投票管理者等が中身の確認のため投票箱を開けてしまった。

投票日当日、投票管理者が来所した1番目の選挙人に対応している間に、次の選挙人が比例代表の投票箱に投票用紙を投函した。この投票箱は空であることの確認作業を行う前で、無施錠であった。投票用紙が投函されたのを見ていなかった投票管理者と1番目の選挙人が、比例代表選挙の投票箱の中を確認するため、蓋を開けてしまった。

■事件における対処

当該市選管は、投票開始直後のことであり、過去の最高裁判所の判例から直ちに選挙結果に影響を及ぼすものではないとした。本事例の状況を把握するため、投開票日翌日に投票管理者及び庶務係の事情聴取を行った上で県選管に報告をし、次の選挙の投票事務説明会では投票開始前と投票開始直後の投票所における重要点をさらに詳しく説明するとした。また、各投票所内では、投票開始前と開始直後の選挙事務執行の流れを含め、情報を共有するよう説明するとした。

県選管は当該市選管に対し、チェック体制の見直し等を図るよう指導。各市町村選管には、会議等を通じて積極的に助言を行うとした。

投票関係

087 投票用紙の廃棄の誤り

選挙の分類 参議院／選挙区・比例代表
関係法令 公職選挙法第 45 条（投票用紙の交付及び様式）

> 投票用紙を誤って焼却処分した。

　投票日前日、午前 7 時 30 分ごろ、市民課の金庫室に保管していた当該選挙で使用する 41,880 人分の投票用紙がなくなっていることが発覚した。

●事件が起きた理由

　市民課職員が金庫室に保管していた保存期限切れの書類を焼却処分した際、当該選挙の投票用紙も一緒に持ち出して焼却処分していた。

■事件における対処

　当該市選管は、県選管に投票用紙の確保について協力を要請し、必要分を調達した。関係職員への聞き取りや庁舎内の防犯ビデオの確認などにより、紛失した投票用紙が確実に焼却処分されたことを確認した。

　県選管は、県内各市と県選管の予備を合わせて当該市選管に提供した。各市町村選管には、担当者会議等を通じて事例紹介し、注意喚起を行うとした。

投票関係

088 記載方法の誤り（記載台でない机での記載）

選挙の分類 衆議院／小選挙区・比例代表、国民審査

関係法令 公職選挙法第40条（投票所の開閉時間）、第53条（投票箱の閉鎖）

> 投票所閉鎖時刻となる前に記載台を片付けてしまい、選挙人に記載台ではない受付の机で記載を行わせた。

投票日当日、投票所の閉鎖時刻は午後6時であったが、閉鎖時刻を待たずに記載台を片付けた。午後5時54分ごろに来所した選挙人は、記載台ではなく、事務従事者が使用していた衝立のない受付机を使い、周囲に見られる可能性がある状況で投票用紙に記載を行った。

●事件が起きた理由

投票所の閉鎖時刻が近づいたため、片付けてよいと誤った判断をした。

■事件における対処

当該市選管は、翌日、当該選挙人を訪問して謝罪した。投票所の事務従事者に対しては、今後このようなことが起きないよう周知徹底するとした。

県選管は、担当者会議等を通じて各市町村選管に情報を提供し、再発防止に努めるとした。

投票関係

089 記載方法の誤り（投票立会人の加筆）

選挙の分類 参議院／比例代表
関係法令 公職選挙法第46条（投票の記載事項及び投函）

> 投票立会人が選挙人の投票用紙に加筆した。

投票日当日、投票立会人が投票箱の付近で困惑していた選挙人に声を掛け、記載台まで案内して、比例代表の投票用紙に文字の一部を加筆した。その結果、投票が行われた。

●事件が起きた理由

当該投票立会人は、当該選挙人が知人であり、投票箱の前で戸惑っていたので手助けのつもりで記載台に案内し、一部加筆したと話した。

■事件における対処

当該区選管は、当該投票立会人を解任し、新たに選任した立会人に交代すると同時に、全ての投票所に電話連絡を行った。

投票関係

棄権の意思表示への誤対応

選挙の分類 衆議院／国民審査
関係法令 最高裁判所裁判官国民審査法第 49 条（公職選挙法の罰則準用）

> 棄権しようと投票用紙の受け取りを拒否した選挙人に、白紙で投票するよう促した。

　期日前投票所において、選挙人に対し国民審査の投票用紙を交付しようとしたところ、受け取りを拒否した。選挙人は国民投票について棄権する意思表示を行ったのであるが、事務従事者は白紙のままで投票するよう促した。

■事件における対処

　当該選管は直ちに投票管理者に通知し、棄権の意思があれば投票用紙を交付しないよう事務従事者に周知するよう伝えた。

　県選管は当該市選管に対し、チェック体制の見直し等を図るよう指導した。各市町村選管には、会議等を通じて積極的に助言を行うとした。

投票関係

091 国民審査の投票の案内誤り

選挙の分類 衆議院／国民審査
関係法令 最高裁判所裁判官国民審査法第 4 条（審査権）

> 国民審査の投票用紙交付係のところに「希望者のみ」と掲示した。

　期日前投票期間と投票日当日の午後 0 時 30 分ごろまで、町内の全ての期日前投票所及び全ての投票所で、国民審査の投票用紙交付係のところに配布された注意書と並べて、「希望者のみ」と掲示した。選挙人からの指摘を受けた県選管からの指導で撤去した。

●事件が起きた理由

　配布された注意書きを見た選挙人から、記載文章が長く、行政用語が多くて理解されにくいので「希望者のみ」と掲示したほうが良いという意見が多く寄せられたため、当該町選管では、投票がスムーズに行われると判断して行った。

■事件における対処

　当該町選管は、県選管の指導に基づき対応するとした。
　県選管は当該町選管に対し、全てを速やかに撤去し、棄権の誘導と取られるような態様で投票用紙を交付しないよう助言した。

●類似事例

【事象】国民審査の投票用紙を交付する際、口頭で希望するかどうかを聞き、希望する選挙人にのみ交付を行った。
【理由】国民審査の投票用紙交付に際しては選挙人の混乱や苦情が多かったため、希望するかどうかを聞いた。

投票関係

【対処】当該町選管は、次の選挙でどのようにするか検討中とした。

　県選管は、棄権の誘導と取られるような態様で投票用紙を交付しないよう助言した。

---

092 氏名等掲示の記載誤り（候補者名）

選挙の分類 参議院／選挙区
関係法令 公職選挙法第175条（投票記載所の氏名等の掲示）

> 投票所記載台に掲示する氏名等掲示における候補者名を誤って表記し、掲示した。

　期日前投票の期間中から投票日当日まで、1人の候補者の氏名のうち1文字を誤って表記し、各投票所に掲示していた。誤ったのは氏名の1文字で読み方が同じ別の漢字としてしまった。

■事件における対処

　当該町選管は直ちに県選管に連絡。当該候補者には電話で連絡をし、1文字違いの投票も有効投票と判断する旨を伝えた。他の候補者にも電話で報告をした。開票管理者または書記長から投票立会人に口頭で説明を行い、投票所に来所した報道機関に情報を提供した。

●類似事例

【事象】市議会議員選挙において、通称認定を受けた候補者の氏名を、認定を受けた通称とは異なる通称で表示し、掲示した。

【対処】発覚したのが投票日当日の午後6時45分であったため、広範な対処は難しいと判断して具体的な対処は見送り、当該市選管の委員長が当該候補者を訪ねて謝罪した。原因について検証し、事務体制を見直して再発防止に努めるとした。

093 氏名等掲示の記載誤り（政党名）

選挙の分類 市議会議員

関係法令 公職選挙法第175条（投票記載所の氏名等の掲示）

> 投票所記載台に掲示する候補者名等のうち、政党名を誤って表示し、掲示した。

投票所に掲示する候補者氏名等のうち、候補者の1人について所属政党があるのに、誤って無所属と表記して掲示した。

●事件が起きた理由

氏名等掲示を印刷する際、初校段階では誤りがなかったのに、2校目の段階で無所属と書き換えられているのを見逃し、最終校正でのチェックが漏れた。

■事件における対処

事件発覚が投票日当日であったため、当該市選管は直ちに各投票所に電話で連絡し、応急処置として「無所属」を二重線で抹消し、正しい政党名を書き添えた。同時に修正を手配し、ほぼ1時間以内に貼り替えを行った。また、当該候補者及び関係者に謝罪した。今後は、氏名等掲示については業者への発注を取りやめ、期日前投票所同様に事務局で作成することで校正段階での誤表記のリスクを軽減し、さらに十分に内容確認をするとした。

県選管は当該市選管からの報告を受け、再発防止に向けた注意喚起を行った。

●類似事例①

【事象】衆議院総選挙において、政党要件を満たしていない政党所属の候補者については政党欄を空白で表示しなければならないのに、無所属としていた。選挙人から指摘を受けて発覚した。

【対処】当該市選管は直ちに修正をして貼り替えを行った。また、今後は選挙執行時の事務打ち合わせ会で配布された資料等に即して事務を行うとした。

　　県選管は、当該市選管に対して早急な貼り替えを指示、他の市町村選管にも確認をするよう指示した。今後、衆議院小選挙区選挙の執行に当たっては、参議院通常選挙や地方選挙と氏名等掲示の作成方法が異なることを徹底するとした。

●類似事例②

【事象】参議院通常選挙において、記載台用の比例代表氏名等掲示のうち、名簿届出政党の名称の漢字を誤った。誤ったのは2文字で、読み方が同じ別の漢字に誤って表示。期日前投票の初日、県内の市及び町の選管が気付き、県選管に連絡をした。

【対処】県選管は、判明後、直ちに各市町村選管に対し、メールで修正済の氏名掲示を送付し速やかに張り替えるよう依頼。午後0時30分ごろには全ての期日前投票所での貼り替えを確認した。今後は厳重な確認を徹底するとした。

094 氏名等掲示の掲示誤り（選挙の取り違え）

選挙の分類 参議院／比例代表
関係法令 公職選挙法第175条（投票記載所の氏名等の掲示）

> 比例代表の投票記載台に誤って選挙区の候補者氏名等を掲示した。

投票日当日、比例代表の投票記載台に選挙区の氏名等掲示を行った。選挙人からの指摘で発覚した。なお、選挙区の投票台には正しい氏名等掲示が行われていた。

■事件における対処

当該投票所では午前7時50分ごろに選挙人から指摘を受け、直ちに訂正を行った。当該市選管は、市内の各投票所に点検を促した上で、誤りがあれば直ちに報告するよう注意喚起を行った。県選管に対しては報告を行った。

●類似事例

【事象】衆議院総選挙において、投票日当日、比例代表の記載台に前回執行の衆議院総選挙の名簿届出政党等名称等が掲示されていた。選挙人からの指摘で発覚した。

【対処】当該投票所では、直ちに正しいものに貼り替えた。当該町選管は、町内の全ての投票所の記載台をあらため、問題がないことを確認した。

県選管は報道発表を行い、各市町村選管には即時、文書による注意喚起を行った。

選挙の分類 衆議院／小選挙区・比例代表、国民審査
関係法令 公職選挙法第41条（投票所の告示）

> 投票日当日、台風の影響を考えて急きょ投票所を変更したが、告示を行わなかった。

　町選管は台風の接近により、投票所の1つに定めていた場所が被災するおそれがあると判断。急きょ、投票日当日にそこから約30メートル離れた別の施設に変更した。しかし、公職選挙法第41条に基づく、投票所の変更の告示を行わなかった。

■事件における対処

　区域内の有線放送で投票所の変更をアナウンスし、当初投票所と定めていた施設に職員を待機させた。訪れた選挙人に対しては投票所の移動を説明し、変更後の投票所に案内した。

　県選管は、公職選挙法に基づいて告示する必要があった旨を指摘、法令手続きに遺漏のないよう助言を行った。

投票関係

投票用紙交付の際の説明誤り

選挙の分類 衆議院／小選挙区・比例代表
関係法令 公職選挙法第 46 条（投票の記載事項及び投函）

> 小選挙区の投票用紙を交付する際、「政党名を記入してください」と説明した。

　投票日当日、選挙人に対して小選挙区の投票用紙を交付する際、事務従事者が誤って「政党名を記入してください」と説明した。選挙人から指摘を受けて気付いた。

●事件が起きた理由

　説明を誤った事務従事者は、比例代表と国民投票の投票について投票箱への入れ違いがないよう選挙人に呼び掛けていたが、小選挙区の投票用紙交付係が小休憩を取るため、代役を務めた。

■事件における対処

　当該事務従事者は、当該選挙人にすぐに謝罪し、正しい投票内容を案内した。当該市選管は、投票管理者と投票管理者職務代理者に各投票所で複数選挙の投票の管理において工夫していることをアンケートにより調査し、今後の投票事務要領等に反映するとした。投票事務説明会では、説明内容の正確性が求められることについて啓発を行うとした。

　県選管は当該市選管に対し、事務処理体制の点検と見直しを要請。各市町村選管には、担当者会議等を通じて注意喚起を行うとした。

●類似事例①

【事象】衆議院総選挙の投票日当日、508 人の選挙人に対し、比例代表

投票関係

の投票用紙を交付する際、事務従事者が「政党名か名簿記載の候補者氏名のどちらかを記入してください」と説明した。翌日、選挙人の付き添いで来所した人からのメールで発覚した。

【理由】当該事務従事者は、参議院通常選挙の比例代表の投票内容と勘違いし、投票管理者もその説明でよいと思い込んだ。

【対処】当該市選管は、県選管に対して報告し、報道発表を行った。

●類似事例②

【事象】参議院通常選挙の期日前投票所において、午前中の約45分間、10人の選挙人に対し、投票用紙の交付を1人で行っていた事務従事者が誤った案内をした。選挙区の投票用紙を交付する際には「候補者氏名または政党名」を、比例代表の投票用紙を交付する際には「候補者氏名」を記載するよう説明した。選挙人から指摘されて発覚した。

【対処】当該町選管は、その日の午後から投票用紙交付係を2人に増員。また、同日午後に開催された投開票事務従事者説明会で再発防止を徹底した。投票日当日の投票開始前にも改めて注意喚起を行った。

県選管は、各市町村選管に情報を提供して共有し、全ての事務従事者に対し改めて注意喚起を行った。また、各市町村選管には、県選管の委員長名で厳正な管理執行と信頼確保に取り組むよう、通知を発出した。

●類似事例③

【事象】衆議院総選挙の投票日当日、小選挙区の投票用紙を交付する際、投票用紙交付係が「比例です」と案内をし、選挙人は政党名を記載して、投票を行った。選挙人が次の比例代表の投票用紙交付係のところへ行って、誤った案内をされたことが判明した。

【対応】当該投票所では、当該選挙人から小選挙区の投票用紙の再交付の求めがあったが、投票用紙を二重に交付することはできないと謝罪した。当該市選管は県選管に報告をし、市内の各投票所に注意喚起を行った。また、報道発表を行った。

097 期日前投票システムの トラブル

選挙の分類 県知事・県議会議員・市議会議員
関係法令 公職選挙法第44条（投票所における投票）第2項

> 　期日前投票システムがダウンして投票の受付ができなくなり、紙の選挙人名簿抄本で対照を行ったが、23人の選挙人が投票せず退所した。

　期日前投票所で午前8時58分から午前9時40分の間、期日前投票システムがダウン。手動で予備サーバに切り替え、復旧した。システムが使用できない間は、紙の選挙人名簿抄本で対照を行って受け付けたが、23人が投票せずに退所した。

●事件が起きた理由

　当該システムは、市の情報システム担当が管理している共用サーバにより可動させているが、その共用サーバが故障したことによるダウン。故障した場合は予備のサーバに切り替わることになっていたが、その仕組みが作動しなかった。

■事件における対処

　当該市選管は、共用サーバの修理を行うとともに予備のサーバに切り替わらなかった原因を究明するとした。
　県選管は当該市選管から事情を聞き取り、管理執行事務の再点検と改善の徹底を図り、再発防止に努めるよう助言を行った。

●類似事例①

【事象】参議院通常選挙の期日前投票所において、午後3時40分に期日

投票関係

145

前投票システムがダウンした。午後4時34分にシステムが復旧した
が、復旧するまでの間に来所した24人の選挙人は投票せずに退所した。

【対処】当該市選管は、期日前投票の期間中、定期的にバックアップを
取り、システムがダウンした場合でも紙の選挙人名簿抄本等で名簿対
照を行えるよう備えるとした。システムダウン中に来所した選挙人に
対しては連絡を取ってお詫びをし、投票のお願いをした。

　県選管は各市町村選管に情報を提供し、注意喚起をした。また、情
報システム担当部局とも情報を共有するよう依頼した。

●類似事例②

【事象】衆議院総選挙の期日前投票所において、セキュリティ強化のた
めに導入したファイアウォールの不具合からシステムの障害が起こ
り、午後3時15分ごろから午後4時40分くらいまでの間、受付がで
きなくなった。受付停止中に来所した約130人が投票を行うことがで
きなかった。

【対処】当該市選管は、投票できなかった選挙人に詫びるとともに後日
投票するよう依頼、状況によっては投票所まで送迎するとした。ま
た、システムの改修を行った。

　県選管は、当該市選管から事情を聞き取り、原因の究明を行うとと
もに再発防止を助言した。

期日前投票システムのトラブル（ネットワーク障害）

選挙の分類 衆議院／小選挙区・比例代表、国民審査

関係法令 公職選挙法第48条の2（期日前投票）第3項による読み替え後の同法第40条（投票所の開閉時間）第1項

> 期日前投票所でネットワーク障害によりシステムが使用できず、選挙人の受付ができなかった。

　市内8か所の期日前投票所において、ネットワーク障害が起きたため、期日前投票システムを使用することができず、午前8時30分から午前10時ごろまで、投票の受付をすることができなかった。この間、来所した選挙人は約230人。

●事件が起きた理由

　ネットワーク機器の不具合による障害であることが判明した。

■事件における対処

　当該市選管は、今後は各期日前投票所に選挙人の電子データを備えて、来所した選挙人を確認するほか、紙の選挙人名簿抄本も用意して、名簿対照ができなくなる事態を避けるとした。

　県選管は各市町村選管に対し、システム障害が起こったときに備えて代替手段を整えること、事務従事者に障害発生時の対応を徹底するよう改めて指導し、注意喚起を行った。

投票関係

099 投票箱の不備

選挙の分類 県知事・県議会議員
関係法令 公職選挙法第46条（投票の記載事項及び投函）第1項

> 期日前投票開始時における投票箱の解錠確認ができなかったため、蓋付きの書類箱で代用した。

期日前投票所において、投票開始時に投票箱が解錠できなかった。そこで投票管理者が市選管事務局に連絡したところ、蓋付きの書類箱を代用するようにという指示があり、20〜30人程度の選挙人が書類箱に投函した。その後、当該投票箱の解錠ができたので、投票立会人の確認のもと、書類箱から投票箱に投函した。

■事件における対処

当該市選管は、たとえ不測の事態となった場合でも、法令に基づき熟慮の上で判断を下すとした。また、投票所開場前に綿密な打ち合わせを行い、事務処理を再確認した上で投票管理を執行するとし、緊急時に備え、代替の投票箱を用意しておくとした。

県選管は当該市選管に対して、事前に関係法令等を確認の上で投票管理者等と事務の取り扱いについて打ち合わせをするなど、法令遵守を徹底するよう指導し、再発防止を要請した。また、各市町村選管には、担当者会議等を通じて本事例を紹介し、注意喚起を行うとした。

投票関係

100 投票箱への異物混入

選挙の分類 衆議院／小選挙区・比例代表、国民審査
関係法令 公職選挙法第 229 条（選挙事務関係者、施設等に対する暴行罪、
騒擾罪等）

> 選挙人が投票箱に外部からコントロール可能な携帯音楽プレイ
> ヤーを投票箱に投函した。

　投票日当日、選挙人が投票用紙を投函する際、ゴトッという音がした
ため、事務長が当該選挙人を呼び止めて確認したところ、小型の携帯音
楽プレイヤーを間違えて入れてしまったかもしれないと話した。投票所
内で投票箱を開けることはできないので、後日、市の総務課の選管事務
局に相談してほしい旨を伝え、連絡先を確認した。周囲にいた事務従事
者に確認したが、はっきりとは見ていなかった。

　開票所で投票箱を開けたところ、当該投票所の2つの投票箱（小選挙
区、比例代表と国民審査）から3つの携帯音楽プレイヤーが発見され
た。3台とも電源が入り、Wi-Fi による通信で外部からコントロールが
可能であった。

■事件における対処

　当該区選管は、投票管理者に不安感を与えたこと、投票所に居合わせ
た者に不安感を与えた懸念があること、投票所周辺地域にもこの出来事
が伝わっている可能性があること、開票事務においても大きな支障の原
因となること、見逃せば再度類似行為を起こす可能性がありエスカレー
トの可能性も否めないことなどから、選管事務局、開票管理者との合意
のもとで警察に相談した。

　投票日翌日、当該選挙人が選管事務局を訪れ、投票所で音楽プレイヤ

投票関係

149

ーを忘れたと申し出たが、投票所及び開票所の撤収作業中で担当者不在のため後日回答するとして、住所及び電話番号を確認して帰宅してもらった。

　その翌日、警察が携帯音楽プレイヤーを採寸して、投票箱の投函口から投入可能であることを確認し、事情聴取を行うことになった。

　午後、当該選挙人が来所し、音楽プレイヤーが本人のものかどうか確認した上で、事情聴取を行い、始末書を書かせた。

　曰く、「投票箱が投票所から開票所に正しく運ばれているかを確認したかったので、GPS 機能及び Wi-Fi 機能がある音楽プレイヤーを使ってインターネット上で追跡するつもりだった。しかしすぐに通信が切れてしまい、追跡はできなかった。選挙について不信感を持っていた」と記述した。

投票関係

101 投票開始時刻の遅延
（投票箱の鍵の取り扱いの不手際）

選挙の分類 参議院／選挙区・比例代表
関係法令 公職選挙法第 40 条（投票所の開閉時間）第 1 項
公職選挙法施行令第 34 条（投票箱に何も入つていないことの確認）

> 投票箱に何も入っていないことを確認するための当該投票箱の鍵の解錠に手間取り、投票開始が約 10 分遅れた。

　投票日当日、投票管理者による投票開始宣言のあと、最初に投票する選挙人に投票箱に何も入っていないことを確認してもらうため選挙区の投票箱を開けた。次に比例代表の投票箱を開けるため、南京錠を外そうとしたが、3 つの錠のうち 1 つが開きにくく、鍵が鍵穴に入ったまま解錠できなくなった。そこでペンチで南京錠を壊して投票箱を開けて確認し、投票所の開場から約 10 分後に投票を開始した。この時点で約 20 人の選挙人が投票を待っていたが、うち 1 人が受付をせずに帰った。

■事件における対処

　当該市選管は、今後はあらかじめ鍵を解錠しておき速やかに確認できるようにするとした。

　県選管は当該市選管から事情を聞き取り、再発防止に万全を期すよう要請した。各市町村選管には、担当者会議等を通じて注意喚起を行うとした。

●類似事例①

【事象】衆議院総選挙の投票日当日、投票開始前に行った投票箱の施錠がうまくいかず、施錠確認ができたのは投票開始時刻から約 15 分過ぎてからであった。その間、2 人の選挙人が待っており、うち 1 人が受付をせずに帰った。

【対処】当該町選管は、受付せずに帰った選挙人に連絡をして再度の来所を依頼した。今後は事務従事者には投票箱の施錠について説明するとともに、投票箱の形式を統一することを検討するとした。

　県選管は本事例の状況を確認し、各市町村選管には、担当者会議等を通じて事務執行体制の点検を行い、再発防止に向けた対応を図るよう指示するとした。

●類似事例②

【事象】衆議院総選挙において、期日前投票所の開所前、事務従事者が投票箱の鍵と間違えて他の鍵を持ってきた。解錠前に気付き、鍵を取りに戻ったため、約8分間、開所が遅延した。この間、2人の選挙人が来所したが、開所まで待って投票してもらった。

【対処】当該市選管は、再発防止について協議し、鍵などは複数人での確認を徹底するよう指示をした。開所まで待っていた選挙人に対しては謝罪した。

　県選管は当該市選管から事情を聞き取り、再発防止に努めるよう助言した。

●類似事例③

【事象】県議会議員選挙において、期日前投票所の閉鎖後、投票箱の一の鍵と他の鍵をそれぞれ別の封筒に入れて保管。翌日、担当職員が2つのうち1つの封筒しか持っていかず、開所が22分遅れた。この間、5～6人の選挙人が来所したが、開所まで待って投票してもらった。

【対処】当該市選管は、県選管に報告、期日前投票所の開所時間を22分延長する変更を行って告示し、防災行政無線で周知した。他の期日前投票所にも本事例の内容を周知し、適正な事務処理の徹底に努めた。今後は打ち合わせを綿密に行い、再発を防止するとした。

　県選管は報道発表の後、各市町村選管に情報を提供し、注意喚起を行った。

102 投票開始時刻の遅延 （事務従事者の遅刻）

選挙の分類 参議院／選挙区・比例代表
関係法令 公職選挙法第40条（投票所の開閉時間）第1項

> 投票日当日、投票所を設置した施設の鍵を持っている事務従事者が集合時刻に遅刻し開所が遅れたため、投票開始が2分遅延した。

　投票日当日、集合時刻の午前6時30分になっても、投票所を設営した施設の鍵を持っている事務従事者が来なかった。約10分後、近くの投票所の事務従事者の中に当該施設の鍵を持っている職員がいることが判明したので来てもらい、午前6時55分ごろ鍵を開けて開所。急いで投票開始のための準備をしたが、午前7時の投票開始時刻には間に合わなかった。7～8人の選挙人が来所していたが、全員が開所を待って投票した。

■事件における対処

　当該市選管では、事務従事者が集合時刻よりも約30分前に互いに連絡を取り合うなど、連絡体制の強化を図るとした。また、使用施設の鍵の管理者の連絡先や緊急事態の体制をあらかじめ確認しておくとした。この2点について、次の選挙に向けた事務従事者説明会において、事務局長から全ての投票所の投票管理者、職務代理者、庶務係に伝えた。

　県選管は当該市選管から事情を聞き取り、再発防止に万全を期すよう要請した。各市町村選管には、担当者会議等を通じて注意喚起を行うとした。

●類似事例①

【事象】衆議院総選挙の投票日当日、投票用紙と選挙人名簿を自宅に持

投票関係

ち帰った投票管理者の職務代理者が寝坊。近くの市庁舎にいた職員が予備の投票用紙を投票所に届けたが、投票開始が5分遅れた。投票開始時刻前から約10人の選挙人が待っていたが、うち約7人が、一旦その場から離れた。

【対処】当該市選管は、投票用紙及び選挙人名簿は、前日に持ち帰るのではなく当日の受領等の対応を検討するとした。また、職務代理者及び事務従事者と選管事務局の連絡体制を強化し、不測の事態に速やかに対応できるよう拠点整備などを行うとした。

　県選管は各市町村選管に対して、投票用紙を自宅に持ち帰ることがないよう徹底。また、担当者会議等を通じて注意喚起を行うとした。

●類似事例②

【事象】衆議院総選挙の投票日当日、前日からの雪のため、投票用紙と選挙人名簿を管理している職務代理者兼庶務係の投票所への到着が遅れた。その結果、投票開始時刻が6分遅れた。投票所は定刻に開所し、来所した2人の選挙人には到着を待って投票を行ってもらった。

【対処】当該市選管は、投票管理者と職務代理者等の連絡を密にし、不測の事態に対応できるよう検討を行うとした。

　県選管は当該市選管から事情を聞き取り、再発防止に向けた検討を行うよう要請。各市町村選管には、担当者会議等を通じて注意喚起を行うとした。

●類似事例③

【事象】衆議院総選挙の投票日当日、2人の投票立会人のうち1人が投票所の開所時刻になっても現れず、投票所を開くことができなかった。代理を立てたが投票が21分遅延した。約20人の選挙人の投票が遅れ、約2人の選挙人が投票を行わずに帰った。

【対処】当該市選管は、急きょ当該投票区内に在住の別の者を投票所に向かわせ、到着後すぐに投票管理者が投票立会人に選任し、投票を開始した。今後は、不測の事態に備えるため、あらかじめ当該投票区内

において代替要員を選定しておくことなどを検討するとした。また、速やかに代替要員を配置できるよう投票立会人の集合時刻を早めるとした。

　県選管は、各市町村選管には、会議等を通じて注意喚起を行うとした。

---

103 在外選挙人名簿から抹消された選挙人の投票

選挙の分類 参議院／選挙区・比例代表
関係法令 公職選挙法施行令第23条の9（在外選挙人証の返納）

**　在外選挙人名簿から抹消された選挙人が在外選挙人証を返納しないまま、再び海外に転出して、在外投票を行った。**

　在外選挙人証の交付を受けていた人について、国内で住民票が作成され4か月が経過した。このため当該人は在外選挙人証を返納すべきであったが、返納されなかった。再び海外へ転出した当該人に対し、市選管は在外選挙人証の返納を督促したが、連絡がなかった。その後、参議院通常選挙の際、在外公館で在外投票が行われた。

■事件における対処

　当該市選管は、当該選挙人に対して引き続き在外選挙人証の返納を求めるとともに、当該国領事館にも協力を求めて、今後の国政選挙で在外投票が行われないようにするとした。

　県選管は当該市選管に対し、報告を求めた。

104 在外投票における投票用紙の不達

選挙の分類 参議院／選挙区・比例代表
関係法令 公職選挙法第 49 条の 2（在外投票等）第 1 項

> 在外選挙人に投票用紙一式を送付したが、宛名の記載が不十分で届かず、投票が行われなかった。

町選管に対して選挙の公示日前日に在外の選挙人から在外投票の投票用紙の請求があり、公示日に海外の住所宛てに投票用紙一式を発送した。しかし、その 10 日後、当該選挙人から未着の連絡があった。確認したところ送付した宛名に番地の記載漏れがあったことがわかったが、どの配達局に保管されているのか不明で、投票には至らなかった。投票日から 4 日後に当該町選管に返送されてきた。

●事件が起きた理由

送付の際、在外選挙人証の住所を宛先として記入すべきところ、在外選挙人から送られてきた封書の差出人欄を見て記入した。この差出人欄には番地が入っていなかった。

■事件における対処

当該町選管は直ちに当該選挙人に謝罪。今後は、在外選挙人証に基づいて住所を記載して発送することを徹底するとともに、転記の誤りを防ぐため複数人による確認を行うとした。

投票関係

選挙の分類 参議院／選挙区
関係法令 公職選挙法第 48 条の 2（期日前投票）、第 49 条（不在者投票）

> 不在者投票のために期日前投票所を訪れた選挙人が、期日前投票用の投票箱に不在者投票の投票用紙を投函した。

　期日前投票所に来所した選挙人が不在者投票を申し出た。担当職員は、選挙人の選挙人名簿登録地の選管から送付された不在者投票証明書で本人確認をし、不在者投票用の記載台に案内をして、投票の説明をしようとした。しかし、当該選挙人が不在者投票用紙等一式の封筒の中に候補者名や政党名が記載されたものがなく、候補者氏名等がわからないと言ったため、担当職員はその準備を行った。

　その間に当該選挙人は期日前投票所の選挙区の記載台へ移動し、選挙区の投票用紙を期日前投票の投票箱に投函した。事務従事者が気付いたため、比例代表については期日前投票の投票箱に投函されなかった。

■**事件における対処**

　当該市選管は不在者投票のために来所した選挙人が期日前投票箱に投票用紙を投函することがないよう、事務従事者は不在者投票に来所した選挙人から目を離さないことを周知徹底した。

　県選管は当該市選管に対し、再発防止に努めるよう指導した。各市町村選管には、担当者会議等を通じて助言を行うとした。

●**類似事例**

【事象】参議院通常選挙の期日前投票所に、不在者投票を希望する選挙人が選挙人名簿登録地の選管から送付された不在者投票の書類を持っ

投票関係

157

て来所。事務従事者は投票用紙のみを当該選挙人に交付し、期日前投票所の記載台に案内した。当該選挙人は投票用紙に記載し、期日前投票の投票箱に投函した。

【対処】当該市選管は、全ての期日前投票所の投票管理者に対し、不在者投票投票の手続きの確認と確実な実行を指示。また、通常と異なる事務処理が発生した際、事務従事者は独自に判断をせず、投票管理者に確認するよう指導の徹底を依頼した。

　県選管は当該市選管に対し、再発防止に万全を期すよう指導。各市町村選管にも注意喚起を行った。

不在者投票の受付誤り

選挙の分類　参議院／選挙区・比例代表
関係法令　公職選挙法第49条（不在者投票）
公職選挙法施行令第56条（選挙人が登録されている選挙人名簿の属する市町村以外の市町村における不在者投票の方法）

> 不在者投票をしようとする選挙人が自宅で投票用紙に記載してきたが、この投票用紙の受付を誤った。

不在者投票をしようとする選挙人が、選挙人名簿登録地の選管から送付された不在者投票の書類を持って来所した。事務従事者が書類を確認すると、自宅で投票用紙に記載し、内封筒、外封筒ともに封をした状態であった。この状態では不在者投票の手続きはできないと判断し、投票用紙等は選挙人名簿登録地の選管に返還するため預かった。また、本人確認をしようと未開封であった不在者投票証明書の封筒を開封した。

■**事件における対処**

本来であれば、不在者投票証明書の封筒は開封せず、記載済の投票用紙等は当該選挙人に返却して改めて投票用紙等の交付を請求するように伝えるか、もしくは、不受理になる可能性を説明した上で内封筒、外封筒を開封して記載事項抹消後に通常投票を行うべきであった。

当該町選管は、不在者投票制度と事務手順について、改めて確認し、再発防止に努めるとした。

県選管は当該市選管に対し、不在者投票所で事務に関わる職員全員で不在者投票の制度と事務手順について確認し、再発防止に努めるよう指導した。

投票関係

107 不在者投票の運用誤り

選挙の分類 参議院／選挙区・比例代表
関係法令 公職選挙法第 49 条（不在者投票）
公職選挙法施行令第 50 条（投票用紙及び投票用封筒の請求）、
第 55 条（不在者投票管理者）

> 不在者投票指定施設の指定を受けていない施設からの投票用紙の交付請求を受け入れてしまいその結果、投票が行われ、その投票用紙を受理した。

県選管から不在者投票指定施設の指定を受けていない施設から、不在者投票の投票用紙の交付請求があり、確認しないまま誤って交付を行った。その結果、投票が行われ、その投票用紙を受理した。

投票終了後、当該施設から県選管に不在者投票管理経費請求書が届いて判明した。

●事件が起きた理由

当該施設を運営する法人は、別の施設を不在者投票指定施設の指定を受けており、その施設と同様に請求を行った。当該町選管は十分に確認を行わず、投票用紙の交付及び受理を行ってしまった。

■事件における対処

当該町選管は、今後は交付請求を受けた時点で、県選管が作成する施設一覧と確実に対照するとした。

県選管は各市町村選管に対し、担当者会議等を通じて注意喚起を行うとした。また、選挙前に不在者投票指定施設を対象とする説明会において、注意喚起をするとした。

投票関係

108 不在者投票の運用誤り

選挙の分類 衆議院／小選挙区・比例代表
関係法令 公職選挙法第 49 条（不在者投票）
公職選挙法施行令第 53 条（投票用紙、投票用封筒及び不在者投票証明書の交付）

> 不在者投票施設の不在者投票において選挙区と比例代表の投票用紙、不在者投票用内封筒、外封筒を取り違えて選挙人に説明し、交付した。

　不在者投票指定施設で、選挙人に対し、選挙区と比例代表の投票用紙、不在者投票用内封筒、外封筒を取り違えて説明して交付した。これを受け、6 人の選挙人が不在者投票を行った。しかし、不在者投票管理者である施設長が投票用紙の色が違うことに気付き、誤りが発覚した。

■事件における対処

　市選管は不在者投票指定施設と協議して 6 人の当該選挙人の投票用紙等を汚損として返還してもらい、改めて交付した不在者投票用紙と封筒で投票を行ってもらった。

　県選管は県内の不在者投票指定施設に対し、不在者投票の適正な管理執行に留意するよう、注意喚起を行った。

投票関係

選挙の分類　衆議院／小選挙区・比例代表、国民審査
関係法令　公職選挙法施行令第60条（不在者投票の送致）

> 投票済みの不在者投票を送致するべき先の選挙管理委員会を誤った。

投票関係

不在者投票所を設けていた区選管が、選挙期日の2日前、他市町村の不在者投票を行った選挙人の投票を選挙人名簿登録地の選管に送致すべきところ、本来送致すべき選管とは別の県の市町村選管に送ってしまった。名簿登録地の選管へ投票日当日の投票所閉鎖時刻までに転送することができず、投票は無効となった。

●事件が起きた理由

本来送るべき選管と誤って送った選管は、別の県だが、町名が全く同じだった。

■事件における対処

当該区選管のある市選管は、市内全ての区選管に対し、送付先の市町村選管の宛先と所在地を十分に確認するなど、正確な送致と事務処理の徹底を指導した。

県選管は、各市町村選管に情報を提供して共有し、再発防止に努めるとした。

●類似事例①

【事象】衆議院総選挙において、投票日前日に不在者投票を受け付けた不在者投票所では、本来送付すべきA選管ではなく、誤ってB選管

に送付した。Ａ選管とＢ選管は異なる県にあるが、自治体名称の１文字目だけが同じ漢字。投票日当日、Ｂ選管からの連絡で判明したが、Ａ選管に送付することができず、無効票となった。

【対処】当該区選管は報道発表を行い、当該選挙人に対して謝罪と事情説明を行った。また、事務処理内容を再確認し、マニュアルの点検を行った。

県選管は当該市選管から事情を聞き取り、再発防止について指導した。

110 不在者投票の送付の誤り

選挙の分類 県知事・県議会議員・市長・市議会議員・衆議院補欠
関係法令 公職選挙法第49条（不在者投票）第１項及び第２項
公職選挙法施行令第60条（不在者投票の送致）第１項

> 不在者投票指定施設は不在者投票を送付すべき選管を間違え、誤って届いた県選管では不在者投票用紙だと気付かず、投票時間が終了した。

２か所の不在者投票指定施設は、本来送付すべき市の区選管ではなく、県選管に不在者投票用紙を送付した。当該県選管では不在者投票用紙であることを見落として保管したまま、投票時間が終了し、結果として無効となった。

■事件における対処

当該県選管は、不在者投票指定施設に対してよりわかりやすい案内文を作成して注意喚起を行い、また送付された郵便物は必ず当日中の開封を徹底、その他にも誤送付を避ける方法を検討するとした。各市町村選管に情報を提供して共有し、再発防止に努めるとした。

不在者投票指定施設の事務処理の不備（投票済封筒の開披）

> 不在者投票指定施設の事務従事者が受理した投票済みの不在者投票の封緘済みの封筒を開披した。

不在者投票指定施設で不在者投票を行った際、その途中で投票用紙と封筒の残数が一致せず、投票用紙が 1 枚少ないことに気付いた。このため、事務従事者は投票用紙が 2 枚入った封筒があるのではないかと考え、既に不在者投票管理者が受理した封緘済みの封筒 15 通をその場で開披した。

■**事件における対処**

当該市選管は県選管及び総務省と協議し、二重投票のおそれがないと判断されたため、記載済の投票用紙及び不在者投票用封筒を汚損として引き換えに新しい投票用紙を再交付、当該市選管職員の立ち会いのもと、不在者投票をやり直した。

当該施設に対しては、当該行為は不在者投票事務の公正性を損ねるものであり、信頼を失いかねない重大な手続き上の誤りであると指導、事務従事者全員への周知徹底を依頼した。さらに市内の全ての不在者投票指定施設に対し、再度作業手順等の確認と指導を行うとした。

112 不在者投票指定施設の不適切な事務処理（投票用紙の破棄）

選挙の分類 県議会議員

関係法令 公職選挙法第49条（不在者投票）
公職選挙法施行令第53条（投票用紙、投票用封筒及び不在者投票証明書の交付）第4項

> 不在者投票指定施設で市選管から投票用紙を受領した職員が、これを破棄した。

　市選管は、不在者投票指定施設から選挙人1人の不在者投票の投票用紙交付請求を受けて、これを送付。しかし、不在者投票指定施設では、不在者投票の最終日に選挙人に対して投票用紙が届いていないと虚偽の説明をした。選挙期日の翌日、当該市選管に選挙人から問い合わせがあり、送付の際の伝票をもとに調べたところ、当該施設で受領した職員が廃棄していたことがわかった。

■事件における対処

　当該市選管は、当該施設の事務責任者及び不在者投票事務担当者から事情を聞き取り、当該施設の管理者名で顛末書の提出を求めた。また、当該行為は選挙人の投票の機会を奪う重大な事態であるため、不在者投票施設の事務担当者に対し、適正な管理執行を行うよう注意喚起を行った。県選管に対しても報告を行った。

　県選管は当該市選管から事情を聞き取り、当該施設に対して管理執行上の指導を徹底するよう要請した。また文書により、県内の全ての不在者投票指定施設に対して適正な事務の執行を改めて要請した。

113 不在者投票指定施設の事務処理の不備（投票用紙の紛失）

選挙の分類 県知事

関係法令 公職選挙法第49条（不在者投票）
公職選挙法施行令第53条（投票用紙、投票用封筒及び不在者投票証明書の交付）第4項

不在者投票指定施設内で投票用紙を1枚紛失した。

不在者投票指定施設で不在者投票を行った。実施した翌日、当該施設の担当者が町選管に、投票済の不在者投票19人分と未使用の不在者投票5人分を持参。町選管職員が確認したところ、投票用紙が1枚不足していることがわかった。至急、施設内の捜索を依頼したが見つからないという報告があり、当該町選管は県選管に報告をした。

なお、当該開票区において投票者数より投票数が「1」多い結果となったため、当該施設において二重交付された可能性がある。

■事件における対処

当該市選管は、すぐに施設内での捜索を依頼した。

県選管は、当該市選管が依頼した翌日にも当該施設に対して投票用紙の捜索を要請したが発見されなかったため、重ねての捜索を依頼した。また、当該施設の管理者から事情を聞き取り、再発防止策を講じるよう求めた。

114 不在者投票の受付漏れ

選挙の分類 参議院／選挙区・比例代表
関係法令 公職選挙法第49条（不在者投票）第1項

　不在者投票指定施設から送付された不在者投票の送付を受けたのを見落とし、受け付けなかった。

　不在者投票指定施設から不在者投票用紙等交付の請求があったため当該施設に送付したが、選挙期日までに返送がなかったとして、町選管では投票なしで事務処理を行った。しかし、実際には選挙期日の前日に当該町役場に届いていた。当該町選管が、選挙期日から18日後、文書箱に当該施設からの不在者投票が入った封筒があることに気付いた。

■事件における対処

　当該町選管は県選管に報告し、発覚の翌日、当該施設に対し謝罪した。今後は町選管の文書箱を総務部と統一し、複数人で確認できるようにするとした。

　県選管は当該町選管から事情を聞き取り、再発防止を講じるよう助言した。各市町村選管には、担当者会議等で本事例を紹介するなどで注意喚起を行うとした。

投票関係

開 票 関 係

115 投票者数の報告誤り

選挙の分類 衆議院／小選挙区
関係法令 公職選挙法第6条（選挙に関する啓発、周知等）第2項

投票録に記載した投票者数が誤っていた。

開票所で区選管が開票作業中、投票数が投票者数より1票多いことが判明した。投票録を点検したところ、点字投票者分を加算するのを忘れていた。開票所で投票録を受理する際の点検で誤りを発見できず、そのまま開票作業に入っていた。その整合性を確認するために時間を要し、開票確定時刻が遅れた。

■**事件における対処**

市選管は、当該区選管に対して、開票所における投票録の点検を確実に行うよう周知徹底するとした。また、投票録の記載誤りが選挙結果に重大な影響を及ぼすため、正確な選挙事務の執行を事務従事者説明会などで周知徹底するとした。

県選管は各市町村選管には、担当者会議等を通じて注意喚起を行うとした。

●**類似事例①**

【事象】市議会議員選挙において、開票作業が終了したところ、各投票所から報告を受けた投票者総数よりも開票した投票総数が23票多いことが判明した。投票録及び投票用紙残数等を再確認したところ、投票所の1つからの投票者数の報告に不在者投票数が未加算であったことがわかった。

【対処】当該市選管は、投票者数と投票率の修正報告を行った。候補者

開票関係

170

に対して事情説明と処理対応について説明会を開催、事務従事者には厳重注意をして再発防止を指示した。また、投票数報告書の様式を簡略化し、今後執行される選挙における事務説明会及び庶務担当者会で十分な説明と指導を行うとした。

　県選管は当該市選管から事情を聞き取り、再発防止のための改善策の確実な実行を求めた。各市町村選管には、研修会等を通じて注意喚起を行うとした。

●類似事例②

【事象】県議会議員選挙において、投票日当日の投票状況報告で、ある投票所からの投票者数の報告人数が1時間前よりも減っていた。確認したところ、前回報告時点から1時間分の投票者数を報告していた。

【対処】当該市選管は当該投票所に対して当該報告時における累計数での報告を求め、投票者数を修正して県選管に報告した。今後は事務従事者に対する説明会において報告誤りがないよう徹底し、各投票所におけるチェックを確実に行うとした。

　県選管は、当該市選管から本事例の詳細と原因、及び再発防止策について文書の提出を指示し、再発防止に努めるよう指導した。

●類似事例③

【事象】衆議院総選挙において、町選管が午前10時現在の投票状況を報告する際、投票者数を集計すべきところ、誤って一部投票所の当日有権者数を集計し報告した。県選管から投票率について確認の問い合わせがあったときには気付かず、午前11時現在の投票状況報告のときに誤りに気付いた。

【対処】当該町選管は、午前11時の投票状況報告時に午前10時現在の数字について修正報告を行った。今後は、同様の誤りがないよう、確認を徹底するとした。

　県選管は、報道機関に訂正の資料を提供した。当該町選管に対しては、投開票日における注意事項を職員全員に周知徹底を図るよう指示

開票関係

し、確認体制を整えるよう指導した。各市町村選管には、担当者会議
等を通じて徹底するとした。

116 開票集計の遅延 （不在者投票の二重計上）

選挙の分類 参議院／比例代表
関係法令 公職選挙法第6条（選挙に関する啓発、周知等）第2項

> 不在者投票者数を二重計上していたため、修正作業を行う必要
> が生じ、開票の集計が遅延した。

開票作業中、不在者投票を二重に計上したことにより投票者総数に誤
りがあることが判明した。投票結果の修正作業などの確認に時間を要し
たため、修正発表は午前2時30分になった。

●事件が起きた理由

指定投票区の事務従事者が当日投票者数を市の速報システムで報告す
る際、報告すべき投票数から除外すべき不在者投票数を加えてしまった。

■事件における対処

当該市選管は、次の選挙に向けた事務従事者説明会で、全ての投票所
の投票管理者、職務代理者、庶務係に改めて速報システムでの報告方法
を説明し、報告内容については相互に確認するよう指示をした。併せて
報告を誤った職員に対しても正しい報告方法について再度説明をした。

県選管は当該市選管から事情を聞き取り、再発防止に万全を期すよう
要請した。各市町村選管には、担当者会議等を通じて注意喚起を行うと
した。

開票関係

●類似事例①

【事象】衆議院総選挙において、市選管で一括管理する期日前投票者数及び不在者投票者数が二重計上となった。

【理由】投票所が行う最終報告で当日の投票者数のみを報告すべきところ、期日前投票者数と不在者投票者数を含めて報告した。

【対処】当該市選管は県選管に連絡し、訂正を依頼した。

県選管は当該市選管から事情を聞き取り、再発防止に万全を期すよう改善策を求めた。

●類似事例②

【事象】県議会議員選挙において、投票確定速報の際、不在者投票者数を二重に計上して県選管に報告した。

【理由】指定投票区から不在者投票数の報告を受けていたのに、集計段階で再度計上した。

【対処】当該市選管は県選管に連絡し、訂正を依頼した。今後は速報報告の前に読み合わせを行って確認するとした。

県選管は、当該市選管からの報告を受けて内容を確認し、報道発表を行った。また、各市町村選管には、研修等を通じて本事例を照会し、再発防止に努めるとした。

開票関係

117 開票集計の遅延（点検漏れ）

選挙の分類 町議会議員

関係法令 公職選挙法第66条（開票）

> 未開函の投票箱が発見されたため、改めてこれを開函の上、開票作業を行い、開票集計に時間がかかった。

開票所において、投票数と投票者数に大きな隔たりがあり、確認したところ、開函していない投票箱が2つあることが判明。改めて2つの投票箱を開函の上、開票作業を行ったため、開票集計処理が遅延した。

●事件が起きた理由

開票所で参観人のスペースを広く取り、かつ、開票台を大きくした結果、それ以外のスペースが狭くなり、開函済みと未開函の投票箱を同じ場所に置いていたため、確認できずに未開函の投票箱を見落とした。

■事件における対処

当該町選管は、担当職員に注意喚起をし、開票所全体のスペースを再考し、開函済みと未開函の投票箱を別々の場所に置くなどの措置を検討するとした。

県選管は、各市町村選管に情報を提供して共有し、再発防止に努めるとした。

開票関係

118 開票集計の遅延（票の混同）

選挙の分類 県議会議員・市議会議員

関係法令 公職選挙法第 68 条の 2（同一氏名の候補者等に対する投票の効力）

> 同姓の候補者の票が混同していることがわかって再点検したため、開票確定が遅延した。

　県議会議員選挙の開票作業中、開票立会人から同姓の 2 人の候補者の票が混同していることを指摘された。調べたところ A 候補の票の束の100 票束の 1 つに 12 票、別の 100 票束に 1 票、B 候補の票が入っていた。そのため全ての票を再点検したため、開票確定時刻が予定よりも約 1 時間遅れた。

■事件における対処

　当該市選管は、今後作業手順の見直しとチェック体制の強化を図り、マニュアル等について担当職員に周知徹底を図るとした。

　県選管は、各市町村選管に情報を提供して共有し、再発防止に努めるとした。

開票関係

119 開票集計の誤り（国民審査）

選挙の分類　国民審査

関係法令　最高裁判所裁判官国民審査法第21条（投票の点検及びその結果
の報告）、第23条（開票録）

国民審査における裁判官の罷免の可否に係る集計作業を正しく
行わなかった。

　国民審査の開票作業において、裁判官7人全員を「罷免可」とした票
は計数機で集計し、1〜6人に「罷免可」が付いた票は、いったん計数
機で「罷免不可」として集計したあと目視で「×」の数を集計する手は
ずになっていた市がある。しかし、この目視による集計を忘れたため、
7人に対する「罷免可」の票が同数となり、各裁判官において、1,061〜
2,090票の変動が生じた。県選管から問い合わせがあったことにより発
覚した。

■事件における対処

　当該市選管は、開票システムの操作ミスが原因であるとし、操作マニ
ュアルの改良を行って再発防止に努めるとした。

　県選管は当該市選管から事情を聞き取り、報道発表を行った。各市町
村選管には、研修会等を通じて注意喚起を行うとした。

開票関係

120 投票用紙の集計漏れ

選挙の分類 衆議院／小選挙区
関係法令 公職選挙法第66条（開票）、第80条（選挙会又は選挙分会の開催）

> 小選挙区の候補者名が記載された投票用紙80枚が集計されなかった。

　開票所において小選挙区の開票率が96％を超えたところで、投票者数に比べて投票数が80票少ないことが判明した。当該開票所では未集計票がないか確認したが見当たらなかったため、持ち帰り票として処理し、確定した。

　しかし、選挙期日から2日後、開票所の撤収作業を行っていたところ、開票所の隅に重ねられたかごの間に小選挙区の候補者名が記載されている投票用紙が80枚あるのが見つかった。

■事件における対処

　当該市選管は、当該80票を開票管理者及び開票立会人の立ち会いのもとで封印し、小選挙区の当該選挙区選挙長に選挙会における再調査を依頼した。その結果、有効73票、無効7票とされ、有効票については各候補者の得票に加算した。同時に開票に携わった職員全員に個別の聞き取り調査を行ったが、意図的な票の混入を疑う証言はなかった。

　今後は学識経験者等による検証組織を設置し、選挙事務手続き及び執行体制の抜本的な見直しを行うとした。

　投票日当日、県選管は、当該市選管から開票速報を受けたとき、持ち帰り票が80票と多いことから数回にわたり確認するよう依頼したが、変更はない旨の報告を受けたため、総務省に報告した。

開票関係

その後、未処理の投票用紙80票を発見したという報告を受け、総務省と協議の上、小選挙区の当該選挙区における調査を実施。その結果を受けて開票結果を修正し、総務省に報告、報道発表を行った。

今後、当該市選管に対して選挙の管理執行上の問題に関する改善計画の提出と再発防止に向けた取り組みの報告を求め、選挙の管理執行について助言を行うとした。

●類似事例①

【事象】参議院通常選挙の開票所において、比例代表の投票用紙の数が投票者数に比べて9票少なかった。うち1票は原因を特定できたが、残り8票については不明のため、持ち帰り票として開票結果を確定した。しかし、翌日午前11時ごろ、市役所の庁舎内で開票用具等の片付け作業を行ったところ、比例代表の名簿登録者の氏名が記載された投票用紙8枚が集計用バーコード票の残余用紙に混入しているのが発見された。

【理由】発見された投票用紙は全て同一人の氏名であり、集計用バーコード票も添付されていたため、投票箱から作業台に移され、仕分けまでは完了していたと推測された。開票作業が進み、開票体制を縮小して開票所の整理整頓を行う中、仕分け作業用の資材と一緒に開票所の片隅に置かれ、開票所の撤収に伴って市役所内に運ばれたものと考えられた。

【対処】当該市選管は、直ちに県選管と協議をし、投票用紙が発見されたのが開票場所以外であったことから有効投票とは扱えないと判断し、開票結果の修正は行わないとした。また、投票が選挙結果に反映されないという重大な事態を招いたことについて、重く受け止めるとした。今後は、開票の作業工程を精査し、投票用紙が集計から漏れないよう事務の流れを見直し、票数確定まで資材等の整理等を行わないなどの適切な保全措置を取る。また開票事務従事者の研修を徹底し、再発防止に万全を期すとした。

県選管は、各市町村選管に情報を提供して共有し、再発防止に努め

るとした。

●**類似事例②**

【事象】衆議院総選挙において、開票を終えると投票用紙が投票者数より３票少なかったが、持ち帰り票として処理して開票結果を確定した。しかし、翌日午前中、市庁舎で投票箱の片付けを行っていたところ、投票箱の底から小選挙区の候補者名が記載された投票用紙３枚を発見した。

【対処】当該市選管は、投票が選挙結果に反映されないという重大な事態を招いたことについて、重く受け止めるとした。今後は事務従事者に対して確認を徹底するよう注意喚起を行うとともに、複数人によるチェック体制を講じるとした。

　県選管は当該市選管から事情を聞き取り、再発防止に万全を期すよう依頼、また投票箱のチェックは複数人で行うことを要請した。

開票関係

121 集計ミスによる白紙投票の水増し

選挙の分類 衆議院／小選挙区

関係法令 公職選挙法第 237 条（詐偽投票及び投票偽造、増減罪）

> 投票者数を二重に計上した数字と実際の投票者数の齟齬を埋めるため、白票等を水増し処理した。

開票所において、投票者数を集計中、不在者投票者数と点字投票数を二重に入力したため、集計上の投票者数は実際の投票者数より 976 票多くなった。

集計担当は、開票作業中に発表された確定投票者数と投票用紙の枚数が合わないことに気が付いたが、つじつまを合わせるため、白票が 968 票及び持ち帰りを 8 票として処理した。

■事件における対処

当該区選管は市選管、県選管に訂正した開票録及び点検結果報告書を提出。報道発表を行った。

県選管は、各市町村選管に注意喚起を行った。

●類似事例

【事象】国民審査において、不在者投票者数などを二重に入力し、開票作業で集計した投票者数より 1,005 人多くなっていた。つじつまを合わせるため 500 票を「罷免すべきでない」という有効票とし、505 票を持ち帰り票として処理した。

【対処】当該市選管は報道発表を行い、謝罪した。

県選管は、文書により各市町村選管に注意勧告を行った。

開票関係

122 按分票の集計誤り

選挙の分類 参議院／比例代表

関係法令 公職選挙法第68条の2（同一氏名の候補者等に対する投票の効力）

> 同一姓の候補者について、その姓のみ記載の票について按分する際、同一姓の候補者の基礎得票数の数値を相互に入れ間違えた。

開業作業において、同一姓の2人の候補者について、その姓のみ記載の票について按分する際、この2人の候補者の基礎得票数を相互に入れ間違えてパソコンに入力したため、按分計算及び政党等への集計票数に誤りが生じた。当該村選管が、開票速報の確定発表後、結果表を配布するため再チェックして誤りに気付いた。

■事件における対処

当該村選管は、按分票の訂正及び確認を行い、県選管に再確定の報告を行った。また、事務従事者に対する注意喚起と再発防止を徹底するとした。

県選管は、各市町村選管には担当会議等を通じて同様の誤りを起こさないよう指示するとした。

●類似事例①

【事象】参議院通常選挙の比例代表の開票作業において、姓のみ、名のみの投票用紙が1枚ずつあり、該当する候補者がそれぞれ3人ずついた。それぞれの候補者の基礎得票数に応じて按分すべきところ、基礎得票数が0票の候補者にも振り分けてしまった。

【対処】当該村選管は、県選管からの指摘を受けて按分票の再計算を行い、修正報告をした。

開票関係

県選管は当該村選管に直ちに修正するよう指示をし、報道発表を行った。今後、各市町村選管に対して、ミスが起きないための事務の見直しを求める通知を行い、担当者会議等を通じて徹底するとした。

●類似事例②

【事象】参議院通常選挙の比例代表の開票作業において、按分対象となる同一姓の候補者のうち1人の候補者の按分の基礎となる得票数を誤り、その結果、按分数値の計算を誤った。開票録を調製して県選管に速報したところ、県選管から誤りの指摘を受けて判明した。

【対処】当該市選管は、今後点検項目を増やし、また他にもチェック体制を整えることなどで再発防止に努めるとした。

開票関係

123 不在者投票の投函漏れ

選挙の分類 県議会議員

関係法令 公職選挙法施行令第63条（不在者投票の受理不受理等の決定）、
第65条（投票所閉鎖後に送致を受けた不在者投票の措置）

> 　県議会議員選挙の終了後、別の選挙のため指定投票区の投票所
> に不在者投票封筒の開封機を設置したところ、未開封の不在者投
> 票封筒1通が発見された。

　市選管職員が県議会議員選挙の選挙期日から2週間後、別の選挙のた
めに指定投票区での投票所で不在者投票封筒の開封機を設置していたと
ころ、開封機の中に未開封の不在者投票封筒1通が入っているのを発見
した。2週間前に執行した県議会議員選挙のものであった。開封機の中
に詰まっていたものを見逃したと思われる。

■事件における対処

　当該市選管は担当職員に事実確認の上、事務局長から選管委員長に報
告し、県選管に報告をした。また、報道発表を行った。今後は開封機を
使用した後の確認を複数人で行い、投票用紙の枚数を確認するなどの事
務の見直しを図り、改善策を徹底するとした。

　県選管は、投票の確認の失念や集計の誤りは選挙事務の信頼性を大き
く損なうことから、原因の究明と再発防止策を徹底することを助言し
た。今後、各市町村の選管委員や担当職員の会議等で、本事例を周知し
再発防止の意識を共有するとした。

開票関係

124 投票箱の施錠不備

選挙の分類 参議院／比例代表
関係法令 公職選挙法第 53 条（投票箱の閉鎖）
公職選挙法施行令第 43 条（投票箱を閉鎖する場合の措置）

> 開票所に送致された投票箱の投函口の鍵が施錠されていなかった。

投票終了後、開票所に送致された投票箱のうち、投函口の鍵が施錠されていない比例代表の投票箱が 1 つあった。開票立会人による投票箱の確認時に判明した。

■事件における対処

当該町選管では、臨時に選管委員会を開催して開票開始時刻を 10 分繰り下げることに変更した上で、開票管理者及び開票立会人が当該投票箱を送致した担当者から投票所閉鎖後と運搬中には事故等はなかったという説明を受けた。管理者と立会人の全員がこれを了承し、当該投票箱を受領した。

後日、選管委員会を開催し、選管事務処理要領の内容や事務従事者に対する事前説明の方法を見直し、事務が正確かつ確実に実施されるよう徹底するとした。また、投票所準備では前日及び当日に投票箱の施錠を行うなどで事前確認を行い、鍵の不足や紛失があれば必ず選管に報告し、指示を受けることも徹底するとした。さらに、投票箱の規格の統一、鍵と錠の台帳管理を徹底することとした。

県選管は各市町村選管に対して、投票箱及び鍵と錠の管理に万全を期すよう、管理執行通知書等を通じて改めて注意喚起するとした。

開票関係

125 投票箱等を開票所に送致後、帰路の海上タクシー炎上

選挙の分類 県議会議員

> 投票箱等を開票所に送致した後、帰路の海上タクシーで火災が発生し、死亡者等の被害者が出た。

　投票箱を海上タクシーで投票管理者（1人）、投票立会人（2人）、事務従事者（3人）、合計6人によって投票箱及び関係書類等を開票所の開票管理者に送致した後、帰路航行中に船内で火災が発生した。火災発生前に送致に当たった従事者等のうち2人は途中で下船していたが、火災発生時に乗船していた船長以下5人のうち、4人は海に飛び込み、1人は船首につかまり救助を待った。その後、3人は救助されたが1人が死亡し、1人が行方不明となった。

■事件における対処

　当該市選管は開票作業終了後、直ちに市の事故対策本部に合流して事故の情報収集に当たり、報道機関等の問い合わせに対応した。今回の火災の原因を究明し、今後の送致には、より安全に送致できるルート等の見直しを検討するとした。

開票関係

126 開票録の紛失

選挙の分類 衆議院／小選挙区
関係法令 公職選挙法第70条（開票録の作成）、第71条（投票、投票録及び開票録の保存）

開票録を投票点検台に置き忘れ、紛失した。

開票所にて小選挙区の開票を終えて開票録を作成し、開票管理者及び開票立会人が署名、捺印して、担当職員がファイルに保管した。その後、有効投票と無効投票を保管のため封筒に封入する際、ファイルから開票録を取り出して確認の上、封筒の表面にそれぞれの投票数を記載。比例代表及び国民審査についても同様に行った。

担当職員が小選挙区の開票録を投票点検台に置き忘れ、開票所の撤収作業中に紛失した。

■事件における対処

当該市選管では、投票日翌日に開票録の紛失に気付き、開票所内、資材撤去に使用した車両内、機材及び庁舎内をくまなく捜索した。また、関わった人物や事務内容について検証し、徹底的に検証したが、見つからなかった。その翌日、開票立会人に説明してお詫びをした。また、候補者の得票数、有効投票数、無効投票数等を確認してもらい、開票録を再調製した。併せて報道発表を行った。

県選管は当該市選管からの報告を受け、開票録の徹底的な捜索を助言した上で、発見できない場合の措置について協議し、開票録の再調製を依頼した。また、開票録に限らず関係資料等の厳重な保管を徹底するよう助言した。

開票関係

前回選挙の投票用紙の混入

選挙の分類 衆議院／小選挙区・比例代表
関係法令 公職選挙法施行令第 65 条の 3 （在外公館等における在外投票の
投票用紙及び投票用封筒の請求及び交付）

　衆議院総選挙の開票作業中に、前回の比例代表選挙の投票用紙
が混入していることが発覚した。

　開票作業中に、前回の衆議院総選挙の比例代表の投票用紙が 1 枚混入
していることが発覚した。当該区選管では郵便等による在外投票の申請
及び投票がなかったため、在外公館で投票する際に誤って前回の選挙の
投票用紙が混入した可能性や、前回の選挙の際に投票用紙を持ち帰った
選挙人が当該投票用紙を投函した可能性が考えられるとした。

■事件における対処

　当該区選管は、県選管及び総務省を通じて、外務省に公館投票におい
て投票用紙の交付誤りがなかったかの確認を要望した。

　県選管は総務省を通じて、外務省に確認を依頼した。

開票関係

128 開披台での飲食行為

選挙の分類 衆議院／小選挙区・比例代表、国民審査
関係法令 公職選挙法第273条（選挙事務の委嘱）

> 開票作業終了後の開披台で事務従事者が菓子を食べた。

開票作業終了後、事務従事者が開披台に菓子を置いて食べていたことが新聞社からの通報で判明した。開票作業自体は終了していたが開票確定前であった。市職員は開披等の場所から移動し、点検及び計数処理等を行っていたが、開票事務を依頼した民間委託の事務従事者が残っていた。

■事件における対処

当該区選管は不正を防ぐため、会場への私物の持ち込みは禁止していた。該当者が不明であるため本人への聞き取りや事実確認はできないが、民間委託の事務従事者はもちろん、市職員に対しても、開票会場内への飲食物等を含め、私物持ち込みの禁止を徹底するとした。

県選管は、当該区選管に対して事務従事者への周知徹底を指導するとともに、各市町村選管にも会議等を通じて積極的に助言を行うとした。

開票関係

選挙公営関係

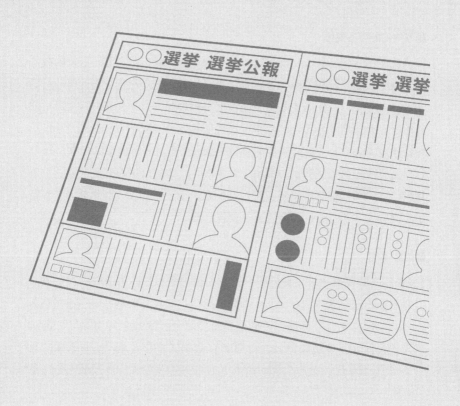

129 選挙公報の配布の誤り
（選挙区割り変更に基づく誤り）

選挙の分類 衆議院／小選挙区

関係法令 公職選挙法第 170 条（選挙公報の配布）

> **異なる選挙区の選挙公報を誤って配布した。**

　選挙公報の配布担当者が、市内の A 選挙区の一部に B 選挙区の選挙公報を誤って配布した。異なる選挙区の選挙公報が配布されたのは、小選挙区の区割り改定によって選挙区が変更になった世帯。また別の区域では、選挙区の境界を誤認して異なる選挙区の選挙公報を配布した。

■事件における対処

　当該市選管は、誤って配布した選挙公報を回収した上で、本来配布すべき選挙公報を配布し直すとともに謝罪した。また配布を請け負った事業者に対しては、担当する選挙区の配布担当者に選挙公報を渡す際に誤りがないか確認すること、配布担当者は各世帯に配布する際に誤りがないか確認することなどの基本的事項を徹底するよう、厳重に指導した。

　県選管は当該市選管から事情を聞き取り、選挙公報の配布を委託する場合においては委託事業者に対して配布誤りが生じない措置を講ずる指示を徹底することと、再発防止を要請した。

●類似事例

【事象】衆議院総選挙において、選挙公報の配布日の午前中、選挙人から異なる選挙区の選挙公報が新聞に折り込まれているという通報があった。配布された区域は前回選挙までは全区域とも A 選挙区であったが、区割り変更に伴い、一部が B 選挙区となった。当該選挙において A 選挙区の選挙公報が配布されるべき世帯に、B 選挙区の選挙

選挙公営関係

公報が配布されてしまった。

【対処】当該市選管は、当初判明した誤配布先の88世帯に対し正しい選挙公報の配布を指示、午前中に終了した。その日の夜、誤配達が645世帯だったとの報告を受け、状況を全て把握することは難しいと判断、当該販売店の全購読世帯に対して選挙公報の配布を指示し、翌日に完了した。また、期日前投票所及び期日投票所には、正しい選挙区の候補者確認を促す注意喚起の掲示を行った。

　県選管は当該市選管から事情を聞き取り、選挙公報の配布を委託する場合においては委託事業者に対して配布誤りが生じない措置を講ずる指示を徹底することと、再発防止を要請した。

130 選挙公報の配布の誤り（配布地域の誤解）

選挙の分類 衆議院／小選挙区

関係法令 公職選挙法第170条（選挙公報の配布）

> 当該配送業者から誤って報告された配布区域を、市選管は十分な確認をせず選挙公報配送業者に届けたため、本来配布されるべき選挙公報が配布されなかった。

　選挙公報の配布に際し、一部の区域で、選挙公報の配布を請け負った新聞販売店が本来配布すべき小選区の区域と異なる他の小選挙区の区域の選挙公報を配布した。配布された選挙人から苦情があり発覚した。

●事件が起きた理由

　当該区域には2つの小選挙区があり、当該新聞販売店の配達エリアは全てA区であったが、販売店は、事前に市選管から照会があった際に

B区と誤って市選管に報告していた。市選管はこれを十分に確認しないまま、A区ではなくB区の選挙公報を販売店に届けていた。

■事件における対処

当該の新聞販売店より誤配した地域の新聞購読世帯に対し、夕刊購読者に対しては当日の夕刊への折り込みで、夕刊を購読していない世帯については直接各戸への投函により、市選管からのおわび文書とともにA区の選挙公報を配布した。翌日の朝刊にも折り込んで配布した。

県選管は当該市選管から事情を聞き取り、選挙公報配布の委託について、委託事業者に対する指示の徹底と再発防止を要請した。

●類似事例

【事象】衆議院総選挙において、C区の選挙公報を配布すべき地域に、誤ってD区の選挙公報を新聞折込によって配布した。

【理由】選挙公報配布を請け負った事業者と実際に配布する新聞販売店の間で確認が徹底されていなかった。

【対処】当該市選管は誤配布を行った当日、お詫び文書とC区の選挙公報を直接、面談により配布。面談できなかった世帯には同様のものを届けることに加え、D区の選挙広報を回収するための対応を行った。

県選管は当該市選管から事情を聞き取り、再発防止のための注意喚起を行った。

131 選挙公報の配布の誤り（新聞折り込みの誤り）

選挙の分類　衆議院／小選挙区
関係法令　公職選挙法第 170 条（選挙公報の配布）

　選挙公報の配布を委託された事業者が、当該選挙区において誤って別の選挙区の選挙公報を配布した。

　新聞折り込みで選挙公報を配布していた事業者が、A 選挙区の選挙公報を配布すべき地域に、誤って B 選挙区の選挙公報を配布した。

●事件が起きた理由

　A 選挙区の選挙公報の配布を委託された事業者は、新聞への折り込み作業を別の事業者に依頼していたが、その折り込み作業を行った事業者は A 選挙区と B 選挙区の選挙公報の折り込み作業を行っていたため、混同した。

■事件における対処

　市選管は委託業者からの連絡を受け、誤配布した選挙公報の回収と詫び文書及び正しい小選挙区の公報の配布を指示した。また、委託事業者に対しては原因の究明及び誤配達の回収状況の報告を依頼。今後の再発防止策として、折り込み作業を別の事業者に依頼する場合は配布前に配布物を確認するよう指示した。

　県選管は、各市町村の選管に情報提供を行って事案を共有し、再発防止に努めるとした。

●類似事例

【事象】衆議院総選挙において、新聞折込で選挙公報を配布した日の午

選挙公営関係

前中、市民からＡ選挙区なのにＢ選挙区の選挙公報が誤配布された旨の連絡があった。新聞販売店の調査により、誤配達は210世帯と判明。翌日の朝、当該新聞販売店がＡ選挙区の選挙公報を配布し直した。

【理由】新聞に折り込む際、Ａ選挙区の選挙公報を配布すべき地域の新聞にＢ選挙区の選挙公報を折り込んでしまったのが原因。

【対処】配布誤りの連絡があったのは午前中に2世帯、午後6時に1世帯あったのみなので、当該市選管は静観していた。翌日、当該の新聞販売店より調査結果と、正しい選挙区の選挙公報の配布を行った旨の連絡を受け、選挙人に対する謝罪文の配布を指示した。

　県選管は当該市選管から事情を聞き取り、選挙公報の配布を委託する事業者に対する指示の徹底と再発防止を要請した。

選挙公営関係

132 選挙公報等の配布の誤り及び未配布 (配布日の誤解)

選挙の分類 衆議院／小選挙区・比例代表、国民審査
関係法令 公職選挙法第170条(選挙公報の配布)第1項

> 衆議院総選挙において、小選挙区の選挙公報が本来配布すべき期限を誤って投票日後に配布され、比例代表の選挙公報と国民審査の審査公報は未配布となった。

選挙公報を新聞に折り込んで配布予定であった計704世帯に対し、法定期限の投票日の2日前までに選挙公報が配布されなかった。衆議院小選挙区の選挙公報は投票日から7日後に配布され、比例代表の選挙公報及び国民審査の審査広報は未配布となった。

●事件が起きた理由

市選管から新聞折り込みを請け負った事業者は、実際に配布を行う新聞販売所に対し指示書を用意したが、当該販売所はこれをよく読まず、公報を梱包した送付書に記されていた別の数字を配布日と勘違いした。

■事件における対処

当該市選管は委託先の事業者に対して厳重に注意をし、市議会に報告後、報道発表を行った。また、県選管に対して問題報告を行った。
県選管は当該市選管から事情を聞き取り、選挙公報の配布を委託する場合には、委託事業者に対する指示の徹底と再発防止を要請した。

選挙公営関係

| 選挙の分類 | 区長・区議会議員 |
| 関係法令 | 公職選挙法第 170 条（選挙公報の配布） |

> 1,000 戸以上ある大型マンションの全世帯に選挙公報が配布されなかった。

全戸数が 1,000 戸以上ある大型マンションに選挙公報が全く配布されなかったことが、当該マンションの管理人からの連絡により明らかになった。

●事件が起きた理由

選挙公報の配布担当者によれば、マンションの各戸への配布先の受付場所がわからず持ち帰ったことが原因とされた。

■事件における対処

当該区選管は配布委託を受けた事業者に再配布を指示、当日の昼過ぎには配布を完了させた。また、配布ができなかった経緯や原因、改善等について報告させた。今後、オートロック等で配布事業者が配布できないマンション一覧に追加し、事前にマンションの管理組合に配布の許可を受けるよう要請した。

選挙公営関係

134 選挙公報の未配布（悪天候）

選挙の分類 衆議院／小選挙区・比例代表、国民審査
関係法令 公職選挙法第170条（選挙公報の配布）

> 選挙公報の配布担当者が、悪天候のため配布を終えることができず、未配布のまま放置した。

　投票日に選挙人からの選挙公報が届いていないという問い合わせがあり確認したところ、約610世帯に配布されなかったことが判明した。当該地区を担当した配布担当者は約1,100世帯を担当していたが、配布を終えておらず、悪天候を理由に未配布となった選挙公報を放置していた。

●事件が起きた理由

　当該の配布担当者は、台風に伴う悪天候のため徒歩で作業することとなり、全ての世帯に配りきれなかったと話した。

■事件における対処

　当該市選管は、配布期限と履行確認の徹底を図ることとし、当該地区の配布を請け負った事業者には、再度、各配布担当者に配布期限における状況確認を依頼した。また市内の各区選管に対して、選挙公報の配布完了報告の確認と徹底について周知した。

　県選管は、配布確認の徹底を図るよう指導。また、各市町村選管には担当者会議や研修を通じて、今後同様のことが起きないよう積極的に助言するとした。

選挙公営関係

135 選挙公報の配布遅延
（配布先台帳の誤り、配布員の手配漏れ等）

選挙の分類 参議院／選挙区・比例代表
関係法令 公職選挙法第170条（選挙公報の配布）

> 選挙公報の配布が遅延し、投票日の前日となった。

選挙公報の配布についてポスティング事業者に委託していた地域で、配布が配布期限を経過した投票日前日になってしまった。配布が遅延したのは地区割りをしたA〜Dの全4地区で、約900世帯に及んだ。

●事件が起きた理由

当該地域内のA地区では市選管が配布受託事業者に交付した配布先台帳に誤りがあり、B地区については配布受託事業者が配布地域でないと誤認していた。C地区、D地区では配布受託事業者が配布員を手配していなかった。

■事件における対処

当該市選管はA〜D地区以外に配布漏れがないことを確認、配布受託事業者側には配布遅延にかかる顛末書の提出を指示した。今後は、事業者に交付する配布先台帳の表記方法を見直し、法定配布期限前に、ある程度配布状況を把握できる仕組みを作る検討を進めるとした。

県選管は当該市選管から事情を聞き取り、事実確認を依頼した。また、選挙公報の配布依頼について、委託事業者の作業スケジュールを提出させるなど、市選管が工程管理を行う体制の構築を検討するよう助言した。加えて、配布先台帳の誤りに関するチェック体制の見直しを図るよう助言した。

選挙公営関係

選挙公報の掲載内容の誤り（脱字）

選挙の分類 市議会議員

関係法令 公職選挙法第 172 条の 2（任意制選挙公報の発行）

選挙公報に掲載した特定候補者の掲載文に脱字があった。

　市議会議員選挙選挙公報を全戸配布した後、1 人の候補者の関係者から、自身の掲載文の一部に脱字があるとの指摘を受けた。経歴や主張などを記した 8 行の掲載文のうち、6 行にわたって行頭の 1 文字が欠けていた。

●事件が起きた理由

　選挙公報の印刷原版の制作過程における印刷業者の作成誤りと、市選管による確認漏れが原因。

■事件における対処

　市選管は当日のうちに候補者に謝罪し、報道機関へ記者発表を行った。選挙期間中であるため、報道機関には具体的な候補者名を報道しないよう配慮を求めた。選挙公報は、市選管の謝罪文を掲載した上で、同日中に再印刷を行い、投票日前日に新聞折り込みによる再配布を行った。新聞を購読していない選挙人については区域内の公共施設への設置することで手当し、選挙人から要望があれば印刷業者が直接配布することとした。

　今後は印刷業者への的確な指示と確認を徹底するとともに、選管職員の意識向上と確認体制の強化を図るとした。

選挙公営関係

137 選挙公報の掲載内容の誤り（不適切掲載）

選挙の分類 県議会議員
関係法令 公職選挙法第172条の2（任意制選挙公報の発行）

> 本来、図やイラストを掲載できないとされる氏名欄に候補者の似顔絵を掲載したものを見逃した。

選挙公報の氏名欄には図やイラストなどの類は掲載できないと定めている県において、1人の候補者の氏名欄に似顔絵を掲載した。全世帯への配布を終えたあと、当該候補者が立候補している選挙区の選挙人からの問い合わせで判明した。

●事件が起きた理由

本件事例の県では、選挙公報は県選管が用意した所定の用紙を渡し、立候補者が記載した内容を審査する。用紙は氏名欄と、主張などを書く記述欄に分かれており、図やイラストは記述欄にのみ記載可能としている。しかし、氏名欄に似顔絵を記載した当該候補者については、訂正を求めることなく受理していた。

■事件における対処

県選管は、その日のうちに当該選挙区内の全候補者に謝罪。事実が判明したのが投票日の前々日であったことから、選挙結果に影響を及ぼす可能性を考慮し、投票日翌日に記者発表を行った。選挙公報の回収、再印刷、再配布は時間的に困難であることから断念した。

今後は県選管として選挙公報の原稿等の確認について、方法や体制を見直し、再発防止に向けて取り組むとした。

選挙公営関係

138 選挙公報の掲載内容の誤り（不適切掲載）

選挙の分類 市議会議員

関係法令 公職選挙法第172条の2（任意制選挙公報の発行）

> 候補者の顔写真以外の写真の掲載を禁じている市議会議員選挙の選挙公報に、候補者の顔写真以外の写真が写真欄に掲載された。

選挙公報の発行等に関する規程を定め、選挙公報に候補者の顔写真以外の写真の掲載を禁止している市がある。しかし、1人の候補者の写真掲載欄に、所属政党の代表らの上半身の写真が掲載されていた。新聞折り込みで配布する前に市のウェブサイトに掲載したところ、これを見た市民からの通報により明らかになった。

●事件が起きた理由

当該候補者は市選管で事前審査を受けたが、対応した職員が誤りに気付かず、そのまま印刷を行った。

■事件における対処

誤りが判明した時点で印刷は終了していた。配布中止を検討したが、選挙全体に与える影響が大きいことを考慮し、そのまま市内各戸に配布。修正を行った選挙公報は投票日の前々日と前日の2日間、ポスティングにより、全戸に配布した。

県選管は、今後同様のミスが起きないよう、各市町村選管には会議等を通じて助言するとした。

●類似事例

【事象】市議会議員選挙において、候補者の掲載欄に候補者以外の写真

選挙公営関係

が掲載された。当該市では選挙公報の発行等に関する規程を定めており、選挙公報に候補者の顔写真以外の写真の掲載を禁止している。近隣の市において、同様の案件が起きていたことから市選管に問い合わせがあり、判明した。

【対処】当該市選管では既に全戸に配布を終えていたが、当該の写真を削除した修正版を投票日の朝に新聞折込で再配布した。また公共施設などにも配置し、ウェブサイトにも修正版を掲載した。

　県選管は、今後同様のミスが起きないよう、担当者会議等を通じて各市町村選管に助言するとした。

139 選挙公報に折り込んだ選挙に関する周知チラシの掲載内容の誤り

選挙の分類 衆議院／小選挙区・比例代表、国民審査
関係法令 公職選挙法第170条（選挙公報の配布）

> 選挙公報に折り込んだ選挙に関する周知チラシに、選挙権年齢などに関する誤りを掲載した。

市選管が選挙公報と審査公報を市内に配布した際に折り込んだ選挙に関する周知チラシの裏面に、誤って選挙権年齢を満18歳以上とすべきところ満20歳以上とするなど、過去の選挙時の選挙人名簿登録要件等が掲載された。

●事件が起きた理由

制作を委託された印刷業者が、以前の知事選挙で使用したデータをそのまま流用した。選挙公報の配布前日に市選管に届いたが、内容を一切確認をしていなかった。

■事件における対処

当該市選管は、選挙人にお詫びと内容訂正のはがきを配布し、市のウェブサイトにも掲載した。また広報車で選挙期日及び期日前投票にかかる選挙啓発を行うとともに、選挙権年齢が18歳であることも発信した。

県選管は、各市町村選管には説明会や研修会などで事例紹介を行い、注意喚起を行うとした。

選挙公営関係

140 選挙運動用ビラ証紙の交付の誤り

選挙の分類　市議会議員

関係法令　公職選挙法第 142 条（文書図画の頒布）第 1 項第 6 号

> 市議会議員選挙の候補者に対して選挙運動用のビラに使用する証紙を、法定枚数を超えて交付した。

市議会議員選挙の立候補受付に際し、選挙運動用のビラ届出書を提出した候補者に対し、1 候補者当たり法定の 4,000 枚の証紙を交付すべきところ、5,000 枚を交付した。候補者の選挙事務所から連絡があり、判明した。

●事件が起きた理由

証紙は届出番号ごとに 4,000 枚（1 シート 100 枚 × 40 枚）が包装され、予備として 1,000 枚（1 シート 100 枚 × 10 枚）も納品されており、納品の際に枚数の確認を怠った。

■事件における対処

事態の判明後、すでに証紙を交付済であった候補者の選挙事務所を訪問し、誤って交付した 1,000 枚の証紙を回収した。すでにビラに貼っていた選挙事務所については、一旦証紙を貼ったビラを回収して証紙を剥がした上でビラのみを返却した。

今後は資材交付用のチェックリストを作成すること、資材の調製は 2 人 1 組で行うなど、事務の取り扱いを見直した。

●類似事例

【事象】市議会議員選挙の候補者に対し、選挙運動用ビラに貼付する証

選挙公営関係

紙を交付する際、予備 500 枚の証紙を含めていた。

【理由】市議会議員選挙の際に証紙が事業者から納品されたとき、仕様書に定めていない予備の証紙が同梱されていたことが判明したため、市選管から各区選管に対し、市議会議員選挙の証紙の検収と、同梱されている予備の証紙の抜き取りを電子メールで指示していた。しかし、一部地域では予備の抜き取り作業が行われていなかった。

【対応】納品前に仕様書の通りになっているか確認し、各区選管にて確実に検収を行うこととした。また今後、重要な指示は電子メールと合わせて電話連絡をすることとした。

141 公営ポスター掲示場の倒壊

選挙の分類 区議会議員
関係法令 公職選挙法第 144 条の 4（任意制ポスター掲示場）

> 強風のため区議会議員選挙の公営ポスター掲示場が倒壊し、通行人にけがを負わせた。

強風のため区議会議員選挙の公営ポスター掲示場が倒壊し、掲示板が通行中の人に当たってけがを負わせた。けがをした人は救急車で病院に搬送され、治療の後、当日中に退院した。

■事件における対処

当日、倒壊した公営ポスター掲示場は一時的に撤去した。翌日、支柱や筋交いの数を増やすとともに、板面を左右 2 面に分割して風が通る部分を設けた上で再設置した。

選挙公営関係

公営ポスター掲示場の掲示区画の番号の誤り

> 公営ポスター掲示場の掲示区画の番号を誤ったまま設置していた。

　県議会議員選挙の公営ポスター掲示場の掲示区画について、右上から左下へ 1 番から 24 番を順に設置すべきところ、区域内の 1 か所について、1 番から 6 番の次に 19 番から 24 番を設置し、その後に 13 番から 18 番、7 番から 12 番の順に設置してしまった。告示日から 2 日後に匿名の電話で誤りが判明した。候補者は正しい掲示区画に選挙運動用ポスターを貼っていたため、貼り直す必要はなかった。

●事件が起きた理由

　設置業者が掲示区画の番号を誤って表示した。また、その設置業者から市選管に対して設置作業後の写真が提出されたが、市選管も誤りに気が付かなかった。

■事件における対処

　市選管は、設置業者から提出された設置現場写真の確認を徹底するとした。
　県選管は各市町村選管に対し、担当者会議などの機会を通じて、同様のミスがないよう助言するとした。

●類似事例

【事象】参議院通常選挙において、公営ポスター掲示場の区画番号のうち、3 番と 5 番の位置が逆になっていた。3 番の位置に候補者の選挙

運動用ポスターを掲示しようとした運動員からの電話で判明した。

【対応】連絡があった候補者陣営には、本来掲示するべき3番の位置に
ポスターを掲示してもらった。レンタル業者及び設置業者に確認を指
示したところ、誤りがあったのは、連絡があった1か所のみ。番号の
入れ替わりに関係する候補者には、電話でお詫びをした。今後はレン
タル業者及び設置業者から公示日または告示日前に写真の提出を受け
るか、現地確認によって検査を徹底するとした。

143 公営ポスター掲示場の設置場所の誤り

選挙の分類 県知事・県議会議員
関係法令 公職選挙法第144条の2（ポスター掲示場）

> **公営ポスター掲示場が、定められた設置場所とは異なる場所に設置された。**

　公営ポスターの掲示場を定められた設置場所とは異なる場所に誤って
設置していた。誤って設置されたのは3か所で、定められた場所から、
約600メートルから約3キロメートル離れていた。選挙運動用ポスター
を掲示するため訪れた候補者の関係者から連絡があり、ミスが判明した。

●事件が起きた理由

　市選管から、ポスター掲示場の設置を委託した事業者に設置場所を指
示する「ポスター掲示場設置場所調書」を、数年前のものを渡してしま
った。市選管が現地調査などをせず、情報が更新されていなかったこと
が原因。

選挙公営関係

■事件における対処

　当該市選管は、正確なポスター掲示場設置場所調書を作成するため、各投票所の事務主任に対して、実際の設置場所と調書の確認作業を要請した。

　県選管は当該市選管から事情を聞き取り、選挙管理執行事務の再点検及び改善の徹底を図り、再発防止に努めるよう助言した。また各市町村選管には説明会や研修会などで事例紹介を行い、注意喚起を行うとした。

●類似事例

【事象】衆議院総選挙において、本来設置すべき数より1か所多く公営ポスター掲示場が設置されていた。警察から、2枚掲示されるはずの選挙運動用ポスターが1枚しかなく、剥がされているようだという連絡があって確認したところ、その掲示場は本来設置すべきものではなかったことが判明した。また、ポスターは剥がされていたのではなく、1枚しか掲示されていなかったもの。

【対処】当該掲示場は撤去し、報道発表を行った。今後は掲示板を納入する際、市選管と設置業者が十分に数量確認をするものとした。また、市選管と設置業者は事前に協議し、設置計画の把握をし、作業の報告や確認などを行うことで適正な実施ができるようにするとした。

　県選管は当該市選管から事情を聞き取り、再発防止に万全を期すよう要請した。報道発表を行い、各市町村選管にも注意喚起を行うとした。

選挙公営関係

投・開票における
集計関係

開票速報

| 選挙区 ○○○1区 | | 開票率 | 10% |

1	○○ ○○	100,000	確
2	○○ ○○	80,000	
3	○○ ○○	50,000	
4	○○ ○○	10,000	

144 開票集計の遅延

選挙の分類 参議院／比例代表
関係法令 公職選挙法第6条（選挙に関する啓発、周知等）第2項、第66条（開票）

> 計数済の投票用紙を100票ずつまとめていたが、90票の端数束を100票束と数えたため計数し直しにより、開票集計が遅れた。

開票所において、2人がそれぞれに投票用紙を計数機を使って計数し、全ての票を都合2回数えた上で、100票束を付けて結束していた。

比例代表の開票を行い、集計したところ、投票数が投票者数より10票多いことが判明。数え直したところ90票の端数を100票束として集計していたことが発覚した。この確認のため、開票確定が予定より1時間55分遅れた。

■事件における対処

当該市選管は、事務従事者における計数結束担当の役割分担を再度見直して再発防止に努めるとした。

県選管は当該市選管に対し、開票事務における得票数等の確認体制と確認方法の改善を徹底し、再発防止に努めるよう助言した。

投・開票における集計関係

145 開票集計の遅延（投票用紙計数機の不具合）

選挙の分類 県議会議員・市議会議員
関係法令 公職選挙法第6条（選挙に関する啓発、周知等）

> 投票用紙計数機の不具合により、投票の計数作業が遅れ、開票集計処理が遅延した。

　開票所で市議会議員選挙の投票用紙計数に使用していた7台の計数機のうち5台が不具合を起こして使用できなくなり、開票集計処理が遅延した。

■事件における対処

　当該区選管は、今後、計数作業を慎重に行うこと、計数機を最新式の機種に更新すること、担当職員に機器の使用について熟練してもらうことなどを実施するとした。

　県選管は、各市町村選管に情報を提供して共有し、再発防止に努めるとした。

投・開票における集計関係

146 開票集計の誤り（事務処理の誤り）

選挙の分類 参議院／比例代表
関係法令 公職選挙法第66条（開票）

開票作業中、投票用紙の集計の事務処理を誤った。

開票作業後、開票管理者が無効投票と決定した票数に疑問を持ち、開票集計に使用した2台のパソコンを確認した。すると開票録を印刷したパソコンでは白紙投票が191票となっていたが、もう1台では白紙投票は166票であり、A氏の得票が25票となっていた。

精査したところ、点検結果で白紙投票は166票と確認されていたのに、開票を終了したときに投票総数と開票数の差として表示された191票を白紙投票の数としてしまった。

当日投票日から3日後、A氏得票が25票であることを確認するため、選管委員長及び委員、開票立会人及び警察署職員に立会いを求め、市庁舎にて再点検を行った。A氏の得票が25票あることを確認し、開票録の修正を行い、県に再提出した。

■事件における対処

当該市選管は、開票集計作業において実際の票数を集計しない重大な誤りであったとして、今後は全ての開票作業過程において、確実な点検を行う姿勢を徹底するとした。

県選管は当該市選管の報告を受け、再度、選挙分会を開催し、報道発表を行った。また、当該市選管から事情を聞き取り、再発防止に万全を期すよう要請した。各市町村選管には、担当者会議等を通じて注意喚起を行うとした。

投・開票における集計関係

212

開票確定報告の誤り

選挙の分類 参議院／選挙区
関係法令 公職選挙法第6条（選挙に関する啓発、周知等）第2項、第66
条（開票）

> 2人の候補者の得票数を相互に取り違えて記載していたため、
> 再点検を行い、開票確定時刻が遅れた。

　開票作業が終了したため、効力法定済みの投票用紙をまとめていたところ、A候補者が得票した投票用紙の数と集計表の数が異なることが判明した。確認したところ、集計表にはA候補者とB候補者の得票数を相互に取り違えて記載していたことがわかった。また、これらの投票用紙を再度点検したところ、点字投票において本来B候補者の得票であった1票がA候補者の得票となっていたこともわかった。
　以上の確認作業を再度行ったため、開票確定時刻が遅延した。

■事件における対処

　当該区選管は、直ちに市選管及び県選管に開票確定報告の修正依頼を行った上で、開票確定報告の修正を行った。

●類似事例①

【事象】衆議院総選挙の比例代表において、市選管が開票結果を報告する際、政党の得票数を転記ミスした。当該市選管では県選管にFAXで報告しているが、当初の開票速報を送った際に県選管で受け取り時刻を誤って記録していたため、訂正後の報告と新旧の取り違えが起こった。このため、県選管は誤った数字を総務省及び報道機関等に報告をした。その後、誤りを修正した。

【対処】当該市選管は開票速報の報告に当たっては、複数人で読み合わ

せをし、県選管との連絡が滞りなく行えるよう、速報担当も複数人にするとした。

　県選管は各市町村選管からの報告様式と受信時の確認について検討し、市町村で報告ミスがあった場合、訂正を確実に反映できるよう見直しを図るとした。

●類似事例②

【事象】国民審査において、町選管が集計データを入力する際、「罷免可」と「罷免不可」を取り違えて入力し、報告をした。

【理由】速報用データの入力様式が県選管に報告するものと、町選管のもので異なっていたため、入力を誤った。

【対処】当該町選管は、速報用データの入力形式を県選管と同様に改めるとした。また、データ入力を行った職員以外の者が確認を行う体制にするとした。

　県選管は、総務省に修正を報告した。当該町選管に対しては、問題点と原因を明らかにし、再発防止策についての報告を求めた。

148 按分票の集計誤り（数値表示の誤り）

選挙の分類 市議会議員
関係法令 公職選挙法第 66 条（開票）、第 68 条の 2（同一氏名の候補者等に対する投票の効力）

> **按分得票のある候補者の得票数の数値表示を誤った。**

市選管が開票事務終了後に報道機関に配布した開票速報（最終）資料において、按分得票がある候補者の得票数は小数点以下第 3 位までを表示すべきところ、一部の候補者について小数点以下第 3 位が表示されていなかった。また、対象者のうち 1 人の候補者については小数点以下第 1 位を四捨五入したことにより 1 票多い得票として表示されていた。

直ちに訂正を行ったが、全ての報道機関に連絡が行き届かず、翌日朝刊において当該候補者の得票数が「1」異なる報道機関があった。

●事件が起きた理由

対象となる候補者のデータの集計において、得票数の欄に小数点以下第 3 位を表示する計算式が設定されていなかった。

■事件における対処

当該市選管は、直ちに修正して、当初配布した時間から約 30 分後に報道機関に開票速報（最終）資料を再配布した。市議会議員に対しては本事例に関する説明会を開催、開票事務責任者については緊急対策会議を開催した。今後は按分票の有無にかかわらず全てのデータを小数点以下第 3 位まで表示し、選挙執行前に本部庶務担当者会議を開催するとした。

県選管は当該市選管から事情を聞き取り、再発防止のための改善策の確実な実行を求めた。また各市町村選管には、担当者会議等を通じて注

投・開票における集計関係

意喚起を行うとした。

●類似事例

【事象】町議会議員選挙の開票結果で、按分票については、小数点以下
第4位以下の端数は切り捨てるところ、小数点以下第3位を四捨五入
していた。

【理由】開票事務従事者が按分票の算定方法を熟知していなかった。

【対処】当該町選管は、開票結果を訂正発表し、県選管に報告を行うと
ともに報道発表を行った。今後は従事する職員の事前研修や集計結果
のチェック体制の強化を行い、集計システムの見直しを行うとした。

県選管は当該町選管に対し、開票結果の円滑な訂正について助言を
行い、再発防止策を講じるよう助言した。今後、各市町村の選管委員
や担当職員の会議等で、本事例を周知し再発防止の意識を共有すると
した。

149 投票及び開票結果の報告誤り

選挙の分類 衆議院／小選挙区・比例代表
関係法令 公職選挙法第6条（選挙に関する啓発、周知等）第2項、第66条（開票）

> 開票時の結果において投票者数より投票数が多いという数値が出たのにその場で検証せず、その後の検証作業でも数値を誤った。

　開票を終えて確認作業を行ったところ、比例代表で投票者数より投票数が6票多いことがわかった。市選管では職員の多くが帰宅しており、再計算に時間がかかるなどと判断して投票結果を確定、県選管に報告し、効力決定済み投票用紙を封印した。

　その後、県選管による文書検収において、小選挙区の投票者数を10人多く報告していたことが判明。総務省への投票結果の報告を訂正し、県で開催した選挙会で確定した。

　さらに精査したところによると、小選挙区及び比例代表の投票者数で確定した数字は、実際の数よりいずれも10人少ないことが判明した。つまり、比例代表では投票者数が投票数よりも「4」多かったが、小選挙区については当初の報告数値は正しかった。すでに選挙会において確定していたため、投票結果の修正は行われなかった。

■事件における対処

　当該市選管は、投票結果を確定させた後ではあったが、投票用紙の残数の再計算を行った。その後の検収で投票者数等の誤りが判明したため再度精査を行い、精査結果を発表した。また、選挙事務の見直し方針を検討するとし、再発防止策について発表した。

　県選管は当該市選管に対して、開票結果について投票用紙の残数と投

投・開票における集計関係

票録等により可能な範囲での再確認を指示。その後、投票者数等の誤り
が判明したことから、全ての資料の再確認と精査を指示し、結果を確認
した。また、選挙事務の厳正な管理執行についての通知を手交した。

150 開票速報の確定報告誤り

【選挙の分類】 衆議院／小選挙区
【関係法令】 公職選挙法第6条（選挙に関する啓発、周知等）第2項、第
66条（開票）

開票管理者及び開票立会人の確認を得ないまま確定報告をした。

　市選管は開票速報を行う際、開票管理者及び開票立会人の確認が終了
したと思い込み、その確認を得ないまま確定報告を行った。その後、開
票立会人のチェックで有効投票とした投票の中に無効投票が1票あるこ
とが発覚したため、県選管に対してその旨を報告し、確定数値の修正を
行った。

■事件における対処

　当該市選管は、開票所における各係の連携を密にし、開票作業が完全
に終了したことを確認後、担当職員の独断ではなく、班長の了承を得て
開票管理者及び開票立会人の確認後、送信するとした。

　県選管は当該市選管に対して、問題点とその原因を明らかにするよう
依頼、再発防止策についても報告を求めた。

●類似事例①

【事象】衆議院総選挙において、村選管から県選管に開票結果を報告す

投・開票における集計関係

218

る際、その時点では無効の決定がされていない疑問票561票を無効票として報告。その後、開票立会人の確認を得て、うち105票は有効投票と決定したが、この報告をしなかった。選挙期日から2日後、県選管が開票録を検収したところ、開票速報と開票録記載の数値が異なることから発覚した。

【対応】当該村選管は県選管に対して訂正を報告した。

　県選管は当該村選管から事情を聞き取り、再発防止に万全を期すよう要請した。また、報道発表を行った。

●類似事例②

【事象】国民審査において、「×」以外の記載があった場合は原則として無効票になるが、町選管では「記載を無効とされたものの数」として処理したため、有効投票として計上された。投票日翌日、県選管から「無効投票数」と「記載を無効とされたものの数」の記載誤りを指摘されて判明した。

【対処】当該町選管は、記載内容を訂正した。

　県選管は、当該町選管からの報告を受けて内容を確認し、総務省に修正を報告した。当該町選管には、適切な開票事務の執行を指示し、再発防止策を講じるよう求めた。

151 開票の誤り（票の混同）

選挙の分類 衆議院／比例代表
関係法令 公職選挙法第6条（選挙に関する啓発、周知等）第2項、第60
条（投票所における秩序維持）
公職選挙法施行令第72条（投票の点検）

> 比例代表におけるA党の得票をB党の得票と混同し、その確認
> 作業等のため、比例代表の確定が大幅に遅延し翌日午前6時45
> 分になった。

　県選管が区選管から開票確定の報告を受けて内容を点検したところ、他の選挙区の開票結果と比較してA党の得票数が極端に少なかった。この点を県選管が指摘し、当該区選管は開票管理者及び開票立会人を再招集して、投票用紙を再点検した。すると、B党の得票の束の中にA党の得票が500票束×3束、計1,500票分紛れていたことが判明した。この確認作業のため比例代表の確定が大幅に遅延し翌日午前6時45分になった。

■事件における対処

　当該市選管は、翌朝午前6時に開票結了数値及び開票録を訂正、午前6時45分に確定報告をした。
　県選管は、各市町村選管には担当者会議等を通じて注意喚起を行うとした。

152 開票結果の報告誤り（特定枠）

選挙の分類 参議院／比例代表

関係法令 公職選挙法第第6条（選挙に関する啓発、周知等）第2項、第66条（開票）、第86条の3（参議院比例代表選出議員の選挙における名簿による立候補の届出等）

> 比例代表の特定枠候補者名の投票を政党名記載の投票として報告した。

選挙期日翌日、市選管が開票録の内容を確認していたところ、開票速報時において比例代表の特定枠の候補者の氏名を記載した投票を政党名記載の票として報告していたことが発覚した。なお、特定枠の得票数は政党への得票数として計上されており、按分計算への影響もなかった。

■事件における対処

当該市選管は直ちに県選管に報告し、開票事務従事者に特定枠制度の注意点を周知徹底するとした。

県選管が当該市選管からの報告を受けて全市町村選管に再確認を要請。翌日、他市町村にも報告誤りがあることがわかったため同日中に総務省に内容修正を行い、修正後の開票結果を報道発表した。また、特定枠の報告方法等を再度周知徹底するとした。

投・開票における集計関係

153 期日前投票者数の集計誤り

選挙の分類 衆議院／小選挙区・比例代表
関係法令 公職選挙法第6条（選挙に関する啓発、周知等）第2項

> **期日前投票者数に不在者投票者数を加算して報告した。**

　市選管は期日前投票最終日に報告すべき期日前投票者数で、小選挙区における不在者投票者2人分を期日前投票者数に算入していた。

■事件における対処

　当該市選管は、投票確定結果の報告時に誤りに気付き、県選管に報告した。

　県選管は当該市選管に対し、報告の内容を再確認の上、投票結果を確定し、総務省に修正報告を行った。各市町村選管には、担当者会議等を通じて注意喚起を徹底するとした。

●類似事例

【事象】衆議院総選挙において、期日前投票者数の中間発表を行う際、期日前投票所の開設から5日間の投票者数を報告しなければならなかったが、当該報告日のみの投票者数を報告した。

【対処】当該市選管は、誤りに気付いた後速やかに県選管に連絡をした。今後は報告前に複数人で確認するとした。

　県選管は当該市から報告を受け、期日前投票者数の訂正を発表した。

投・開票における集計関係

222

154 当日有権者概数の報告誤り

選挙の分類 衆議院／小選挙区・比例代表、

関係法令 公職選挙法第6条（選挙に関する啓発、周知等）第2項
公職選挙法施行令第72条（投票の点検）

当日有権者数に失権者が含まれていた。

投票日当日、投票所から前日に発表していた当日有権者概数の男女計と合計欄が不一致であるとの報告を受けた。これを受け、市選管が精査したところ、失権者115人が含まれていることが判明した。

●事件が起きた理由

当日有権者数ではなく、失権者の表示がなされた者も含む選挙人名簿登録者数を転記して報告していた。

■事件における対処

当該市選管は県選管に対して修正を報告し、報道発表を行った。今後は複数人で確認するチェック体制を確保するとともに、チェック方法についても改善策を検討するとした。

県選管は、各市町村選管に対して事例紹介等を行い、注意喚起を行うとした。

投・開票における集計関係

223

155 通信不具合

選挙の分類　参議院／比例代表
関係法令　公職選挙法第6条（選挙に関する啓発、周知等）

> インターネット回線の通信量上限を超えてしまい、送信に不具合が発生し、それにより開票結果報告が遅れた。

区選管が開票を終了し、開票速報システムで比例代表の開票結果を報告しようとしたが、データ読み込みに時間がかかり、次の入力操作ができなかった。

●事件が起きた理由

データ通信端末の通信量上限を超えて低速モードに切り替わってしまったことなどが原因であった。

■事件における対処

当該区選管は、2時間ほどたってもデータ読み込みが完了しないため、別のインターネット回線に接続しているパソコンから速報の報告を行った。

投・開票における集計関係

156 開票速報ウェブサイトの不具合

選挙の分類 市議会議員
関係法令 公職選挙法第6条（選挙に関する啓発、周知等）第2項

> ウェブサイトに掲載するデータについて、操作を誤ったため、最新データが閲覧できない状態になった。

市選管がウェブサイトに掲載する市議会議員選挙の最終データを作成していたところ、操作を誤り、データの取り込みができなくなった。また、市内の特定地域の開票速報のページが午前0時から約1時間閲覧できなくなった。

さらにある地区の投票者数のデータ修正に時間がかかったため、午後10時40分ごろに行った最終データが反映されず、誤った数値を午前1時30分まで掲載した。

●事件が起きた理由

データの取り込みができなくなったのは、操作を誤り選挙立会人氏名の項目に改行コードを入力してしまい、システムが正しく稼働しなくなったことによるもの。投票者数のデータ修正に時間がかかったのは、各区が開票結果等の集計を行っており、修正作業が遅れたため。

■事件における対処

当該市選管は、各区を対象とした開票システムの研修の際、注意点を周知徹底し、かつ緊急事態の対応マニュアルを作成するとした。また、システム業者と十分に打ち合わせをして再発防止に努めるとともに、万が一不具合が発生した場合の代替手段を確立するとした。

県選管は、各市町村選管に情報を提供して共有し、再発防止に努めるとした。

投・開票における集計関係

225

選 挙 犯 罪 関 係

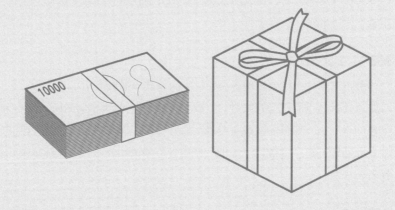

157 詐偽投票（なりすまし）

選挙の分類 県議会議員
関係法令 公職選挙法第237条（詐偽投票及び投票偽造、増減罪）第2項

> 期日前投票所で、男女が選挙人になりすまし詐偽投票を行い、それを企てた2人が逮捕された。

　期日前投票所に30人ほどの男女が来所した。期日前投票の宣誓書の記載内容の住所や生年月日が選挙人名簿と異なっていることから受付で確認作業を行っていたところ、宣誓書を持って期日前投票所から出て行く者があり、また並んでいた者も耳打ちをしながら出て行った。不審に思った当該市の選管は警察に連絡をした。

　その後の捜査により、グループのうち2人が公職選挙法違反で逮捕された。逮捕者2人は実行犯A（女性）及びB（男性）と共謀、AがBの妻になりすまして、投票所入場券と期日前投票宣誓書を提出して投票用紙を受け取り、投票を行った。

■事件における対処

　当該市選管は、投票管理者などに本人確認の徹底を指示した。

　県選管は各市町村選管に対し、投票用紙の交付の際には本人確認の徹底を図ること、期日前投票所では特に宣誓書の記載内容も十分に確認するよう通知した。今後は、各市町村選管に事例紹介を行い、注意喚起を図るとした。

※特記事項

　2人の逮捕者は略式起訴をされ、それぞれ罰金90万円、50万円の略式命令を受けた。実行犯2人も各15万円の罰金が命じられた。ほかに12人が書類送検されたが、いずれも不起訴（起訴猶予）となった。

158 詐偽投票（なりすまし）

選挙の分類 参議院／選挙区・比例代表
関係法令 公職選挙法第 237 条（詐偽投票及び投票偽造、増減罪）

> 既に投票を終えていた女性が母親の投票所入場券を持って来所し、投票を行った。

　投票日当日、女性が自分の投票を終えたあと、投票管理者に対して、母親は歩くことができないので車中で投票できないかと相談した。投票所でなければ投票できないと伝えると一旦引き上げたが、母親の投票所入場券を持参して入場し、母親の代わりに投票を行った。

　この女性の氏名を知っている投票立会人がいたため、事務従事者が選挙人名簿で確認したところ、母親本人でないことが発覚し、事件が判明した。

■事件における対処

　当該市選管は、投票所から報告を受けるとすぐに県選管に報告するとともに警察に通報をした。また、今後は投票所における本人確認を徹底するとした。

　県選管は事実関係を確認の上、警察に通報するよう助言し、他の投票管理者に注意喚起を行った。

159 詐偽投票

選挙の分類 衆議院／小選挙区・比例代表
関係法令 公職選挙法第237条（詐偽投票及び投票偽造、増減罪）
公職選挙法施行令第35条（投票用紙の交付）

> 夫の投票所入場券を持って期日前投票所に来所した女性が、自分の分と合わせて投票を行った。

期日前投票所に男女1人ずつが来所し、女性が2人分の投票所入場券を提出した。小選挙区の投票用紙交付係は女性に投票用紙を渡し、男性にも渡そうとしたところ、女性が受け取って記帳台に移動した。男性は女性の後ろに立っていたが、担当者が不審に思い、女性が比例代表の記帳台で記入を終えたところで尋ねると、投票所入場券は女性と夫のもので、「夫の分も代わりに記入した」と伝えた。同行の男性は夫ではなく知人であった。投票用紙交付係は、2人が夫婦と思い込んで投票用紙を交付した。当該の期日前投票所は詐偽投票の疑いで警察に捜査を依頼した。

■事件における対処

当該市選管は、投票用紙の交付について注意喚起を行い、期日前投票所内の監視を強化した。また当日投票における事務従事者説明会において注意を促した。

県選管は各市区町村の選管に情報提供を行って事案を共有し、再発防止に努めるとした。

※特記事項

投票を行った女性は詐偽投票の疑いで書類送検された。

160 詐偽投票

選挙の分類 県議会議員

関係法令 公職選挙法第 36 条（一人一票）、第 44 条（投票所における投票）、第 237 条（詐偽投票及び投票偽造、増減罪）

> 息子が親の投票所入場券を使って期日前投票所に行き投票を行った。

不在者投票指定施設から選挙人（A）の不在者投票の請求があり、市選管が選挙人名簿と対照したところ、期日前投票済みであることが判明したため、不在者投票はできないと伝えた。

当該施設では、当該選挙人は施設から出ていないので期日前投票は行っていないのではないかと思ったが、市選管からの連絡どおり、本人に不在者投票はできないと伝えた。しかし、話しても要領を得ず、自身の息子（B）のことが話題に出たため B に確認したところ、親の投票所入場券によって期日前投票をしていたことがわかった。

市選管で調べたところ、当該選挙人の投票所入場券の裏面の宣誓書には選挙人自身の氏名が記載されており、B は自身の投票所入場券を使用していない。

その後、投票日当日に B が投票所を訪れた際、すでに期日前投票を行っており、さらなる投票は二重投票となるため、行うことができないと説明した。B は納得して退場し、外で待機していた警察官に同行を求められた。

■事件における対処

当該市選管は、B が A の投票所入場券を使用して期日前投票を行ったことが判明した時点で警察に通報。投票日当日に B が投票所に来た

ら知らせるように警察に依頼され、投票日当日、Bが来場した時点で通報をした。なお、Aについては県選管及び総務省とも相談の上、不在者投票を行ってもらい、その際には、警察による実況見分が行われた。

　不在者投票はAの投票、期日前投票はBの投票として整理し、合わせて顛末の記録を残した。

161 投票偽造

選挙の分類 県知事

関係法令 公職選挙法第237条（詐偽投票及び投票偽造、増減罪）

> 投票に関する意思表示ができない入所者に代わり、不在者投票指定施設の職員が特定の候補者名を書いた。

不在者投票指定施設において、施設の職員5人が共謀して、投票に関して意思表示をすることができない入所者に代わり、特定の候補者名を記入した。5人は公職選挙法違反の容疑で逮捕された。

■事件における対処

県選管は当該施設での不在者投票事務の取り扱いについて実地調査を行い、問題点に対する改善指導を文書で通知して、改善方策の報告を求めるとした。

※特記事項

施設長と施設職員3人は略式起訴され、4人は罰金30万～50万円の略式命令が出された。職員1人については不起訴とされた。

●類似事例

【事象】参議院通常選挙において、不在者投票指定施設で施設長と職員3人が、入所者4人の投票用紙に特定の候補者の氏名を記入した疑いで逮捕された。

【対処】県選管は、選挙前に行っている不在者投票指定施設を対象とする事務説明会等において、適正な管理執行の徹底を図るとした。

162 選挙事務関係者の選挙運動

選挙の分類 衆議院／小選挙区・比例代表、国民審査
関係法令 公職選挙法第135条（選挙事務関係者の選挙運動の禁止）

> 投票管理者が衆議院総選挙の公示後に、その場に関係区域内の選挙人がいると知りながら、特定候補者に対する投票を呼び掛けた。

市選管から投票管理者として選任された者が、衆議院総選挙の公示後に市内で開催された特定の候補者の総決起大会に参加。挨拶を行った際、その場に関係区域内の選挙人がいると知りながら、その候補者への投票を呼び掛けた。この投票管理者は、当該候補者の後援会で役員を務めていた。「自分が選挙に関わってはいけないとは思ったが、このくらいならいいだろうと考えてしまった」と話している。

■**事件における対処**

当該市選管は、今後はこのような事態が起こらないよう、投票管理者及び選挙事務従事者の選挙意識の徹底、研修や啓発資料の充実などに努め、公平かつ公正な選挙の事務執行を推進するとした。

県選管は市町村選管に対し、投票管理者の選任や在職中の注意事項等について徹底管理するよう周知した。

※**特記事項**

当該選挙の終了後、この投票管理者は公職選挙法違反の疑いで地検に書類送検された。

163 投票管理者による投票所への選挙ポスターの掲示

選挙の分類 参議院／比例代表

関係法令 公職選挙法第129条（選挙運動の期間）、第135条（選挙事務関係者の選挙運動の禁止）、第145条（ポスターの掲示箇所等）

> ある投票所の投票管理者が、投票日当日、特定候補者の選挙運動ポスターを投票所敷地内に掲示した。

投票日当日の投票所で、投票管理者が午前7時ごろから午前9時過ぎまで、投票所の入口付近に参議院比例代表の候補者の選挙運動用ポスターを掲示していた。掲示された場所は投票所内ではないが、投票所の敷地内である。午前9時過ぎに投票所の見回りに来た警察官により発見され、警察署を通じて市選管に連絡が入った。

■事件における対処

当日、午前11時45分、当該投票所において、投票管理者及び職務代理者に対して事情聴取が行われ、正午をもって職務代理者が投票管理者を務めることとした。

市選管は県選管に報告するとともに、県選管からの助言を受け、直ちに全投票所の投票管理者に対して、選挙運動が禁止されていることを電話連絡した。今後は同様の事例が発生しないよう、投票管理者等に対して周知徹底を図るとした。

※特記事項

この投票管理者は書類送検された。

164 脅迫

選挙の分類 参議院／選挙区・比例代表

関係法令 公職選挙法第229条（選挙事務関係者、施設等に対する暴行罪、騒擾罪等）

> 投票所予定施設で「爆弾を仕掛ける」という脅迫文が発見された。

　ある市の投票所を設置する予定の施設において、投票日の2日前の朝、「爆弾を仕掛ける」と書かれた脅迫文が発見された。

■事件における対処

　当該市選管は、投票所を近くの施設に変更し、対象世帯に対しては通知の発送などを行った。また、投票日当日は、選挙人を市職員が変更した投票所への送迎を行った。

　県選管は、当該投票区域内に周知をすることと、投票日当日は選挙人の送迎などを行って選挙権の行使に影響を及ぼさない措置を取るよう助言した。

その他

165 投票管理者向け文書の記載誤り

| 選挙の分類 | 県議会議員 |

| 関係法令 | 公職選挙法施行令第92条（公職の候補者等に関する通知） |

> 「候補者の届出状況報告書」で候補者の所属党派名等を取り違えて記載した。

市選管が投票管理者32人に送付した「候補者の届出状況報告書」の中で、立候補を届け出た3候補のうち2人の所属党派と、現職か新人かの区別を取り違えて記載していた。送付後、関係者からの連絡で判明した。

●事件が起きた理由

投票管理者に「候補者の届出状況報告書」を送付する起案を決済した後、この起案書に添付された書面をコピーして送付すべきところ、パソコンから新たに文書を印刷して使用したが、誤っていた。

■事件における対処

当該市選管は投票管理者に速やかに電話連絡を行い、事情を説明してお詫びをし、戸別に投票管理者宅を訪問して正しい文書との差し替えを行った。3候補者に対しては選管委員長、選管委員、事務局職員が訪問して事情を説明、再発防止に努め、適切な事務執行をすることを伝えた。

県選管は、各市町村選管に情報を提供して共有し、再発防止に努めるとした。

166 開票立会人に関する事務の遺漏

選挙の分類 市議会議員

関係法令 公職選挙法第62条（開票立会人）

> 開票立会人の届出を受けていたのに、その書類を見落とし、選任の人数制限等のくじを行わず、開票の立ち会いも認めなかった。

　区選管は、13人の候補者があった選挙区で11人の候補者から「開票立会人となるべき者の届出書」の提出を受け、受理していた。しかし、うち1人の候補者から提出された書類を同候補者に関する書類一式と一緒に保管したままにしたことから見落とした。そのため、本来であれば11人の開票立会人候補者による人数制限等のくじを実施すべきであったが、候補者は10人と認識されたため、行われなかった。

　また、開票日に当該候補者陣営から開票立会人の選任届が出されていた者が開票所を訪れたが、届出がなく開票立会人に選任されていないと説明して、立ち会いを認めなかった。

●事件が起きた理由

　書類を保管する際、点検表のチェックを怠り、かつ1人で担当していたためダブルチェック機能が働かなかった。

■事件における対処

　当該区選管からの報告が遅れたため、市選管の対応も遅れ、発覚から約1か月半後に当該候補者及び開票立会人に指定された人に事情の説明と謝罪を行った。

　市選管は、今後は「開票立会人となるべき者の届出書」を提出していない候補者に対して提出意思の有無の確認を徹底するとともに、選挙事

務全般について複数人によるダブルチェックを徹底するとした。

　県選管は、各市町村選管には、担当者会議等を通じて注意喚起を行う
とした。

167　投票管理者による不正行為

選挙の分類　参議院／選挙区

関係法令　公職選挙法第45条（投票用紙の交付及び様式）、第46条（投票の記載事項及び投函）、第237条（詐偽投票及び投票偽造、増減罪）
公職選挙法施行令第35条（投票用紙の交付）

> 投票管理者が交付のし忘れかどうかを確認せずに投票用紙を勝手に投函し、さらに未投票の選挙人が投票したことを装った。

　投票日当日、投票用紙自動交付機から投票用紙が1枚出ていることに気が付いた投票管理者は、選挙人に渡し忘れたものと思い込み、白票のまま投票箱に投函した。

　その後、投票用紙が受付済みの選挙人の数より1枚多く交付されていることがわかり、投票管理者は職務代理者及び庶務係に対し、未投票の選挙人のうち1人を投票済みにしてほしいと指示した。指示を受けた職務代理者及び庶務係は未投票の選挙人の中から候補者を複数人選び、投票管理者が指定した1人の氏名と生年月日を白紙の投票所入場券に記載して受付処理をした。

　投票日翌日、投票管理者が市選管書記長に申し出て発覚した。

■事件における対処

　当該市選管は、他の投票所で同様の不正がないことを確認した上で報

道発表を行った。また、管理職員に対して法令遵守意識を徹底するための研修を行い、全職員に対してはコンプライアンス研修の実施、選管事務におけるミス事例集や危機管理マニュアルづくりなどに取り組むとした。さらに投票管理者等に対する説明会において１票の取り扱いに関する意識を徹底、事務従事者に対して投票用紙自動交付機の使い方を研修するとした。

　県選管は当該市選管からの報告を受け、全ての市町村選管に対し、選挙事務に対する意識改革と法令遵守の徹底を図り、選挙の厳正な管理執行と信頼確保に努めるよう、通知を発出した。

168 ウェブサイトの掲載の誤り

選挙の分類 県知事、県議会議員
関係法令 公職選挙法第6条（選挙に関する啓発、周知等）第2項

> ウェブサイトの投開票速報のページにリハーサルデータを掲載したままであった。

　県選管は、投開票日の2日前の午後9時ごろから前日の午前11時40分ごろまで、県選管のウェブサイトの投開票速報のページにリハーサルデータを掲載した。リハーサル終了後に元に戻したが、正しく更新できなかった。庁内側のサーバでは正しく表示されていたので気付かなかったが、公開側ではリハーサルデータのままであった。県内の市選管からの指摘で判明した。

■事件における対処

　当該県選管は直ちにデータを削除し、報道発表を行った。また、当日中に原因を究明した。

169 SNSへの不適切な書き込み

選挙の分類 衆議院／小選挙区・比例代表

関係法令 公職選挙法第228条（投票干渉罪）、第229条（選挙事務関係者、施設等に対する暴行罪、騒擾罪等）

> 市選管スタッフと名乗ってTwitterに不適切な書き込みをした者がいた。

衆議院総選挙の公示日の午前11時ごろ、「A市選挙スタッフ」と名乗ってTwitterに不適切な書き込みをしているという通報が市民から寄せられた。この名義で「投票用紙を二重交付する」「選挙管理システムを使って住所を調べます」等の書き込みが行われていた。また、事前研修で配布した期日前投票マニュアルの写真も掲載されていた。

■事件における対処

当該市選管は、この書き込みを行ったのは人材派遣会社から期日前投票事務従事者として派遣された人物と推測し、当該派遣会社に調査及び選挙事務の混乱回避と選挙人の安全確保のための対処を依頼した。その結果、当日中に派遣会社から対応済との連絡を受けた。期日前投票には大きな混乱はなく終了し、今後、同様のことが起きても、選管、派遣会社、警察と連携し、慎重に対応するとした。

県選管は、今後同様のことが起きた場合、関係各所と連携して、事故や混乱が発生しないよう慎重な対応を取るよう助言するとした。

管理執行上問題となった事項・件数等の推移

項目	平成12年 衆	平成13年 参	平成15年 統一	平成15年 衆	平成16年 参	平成17年 衆	平成19年 統一	平成19年 参	平成21年 衆	平成22年 参	平成23年 統一	平成24年 衆	平成25年 参	平成26年 衆	平成27年 統一	平成28年 参	平成29年 衆	平成31年 統一	令和元年 参
投票 投票用紙の交付誤り	15	14	3	13	16	12	6	19	23	23	10	15	26	44	12	53	61	24	67
本人確認誤り	1	2	3		2	3	12	9	15	13	15	23	17	32	34	21	18	53	20
不在者投票運用誤り	4	6	3	7	2	4	1	0	12	8	2	20	10	6	7	9	7	4	11
氏名等掲示誤り	4	4	2	2	4	1		1	3	1	2	4	12		3	2	3	9	8
その他投票関係	6	1	5	1	1	0	8	2	10	6	1	9	6	22	3	7	20	12	8
開票 開票開始時刻	2	2							2			1		1					
開票終了時刻			1						1	1					1			6	5
投票用紙集計誤り				1				1				1	3	3	1	1	1	8	14
その他開票関係		1					2	2	2	1				1	1	1	1		
選挙公営関係	5	3	2	1	2	3	7	4	6	5	4	8	2	5	9		7	20	5
啓発関係		2	2	1	1				2	3	2	1	1	3		2	2	2	1
選挙犯罪	2	3	6	2	3	3	6	4	5	3	1	1	1	2	1	3	3	2	2
その他 投票所入場券関係	4	1	2		2	3	9	4	16	6	10	7	8	15	6	23	5	11	17
その他	1		3	5	3	4	3			1		3	6	4	9	6	13	13	7
速報関係 投票関係等	46	37	7	13	17	27	15	19	41	28	2	24	22	33	14	27	23	17	17
開票関係				6	10	4	4	18	10	14	7	15	20	23	11	19	14	4	18
計	90	76	38	52	63	64	73	83	148	112	58	132	134	194	112	174	175	181	200

〔令和元年7月21日執行参議院議員通常選挙管理執行上問題となった事項（総括）より〕

〈監修者略歴〉

こ じま　はや　と
小 島　勇 人

一般社団法人 選挙制度実務研究会 代表理事
総務省 管理執行アドバイザー／主権者教育アドバイザー
市町村職員中央研修所（市町村アカデミー）客員教授

　　　昭和 49 年 4 月　川崎市役所奉職
　　　　　　　　　　　　川崎市川崎区役所総務課選挙係
　　　昭和 53 年 4 月　川崎市選挙管理委員会事務局選挙課
　　　昭和 56 年 4 月　自治省行政局選挙部選挙課（自治事務官）
　　　昭和 57 年 4 月　川崎市選挙管理委員会事務局選挙課
　　　　　　　　　　　　その後、一貫して選挙管理委員会事務局勤務・選挙課長・事務
　　　　　　　　　　　　局次長等を歴任
　　　平成 21 年 4 月　川崎市選挙管理委員会　事務局長
　　　平成 24 年 3 月　川崎市を定年退職
　　　　　　同年 4 月　川崎市選挙管理アドバイザー
　　　平成 30 年 3 月　川崎市選挙管理アドバイザー退任
　　　　　　　　　　　　（高松市、福島市の選挙管理アドバイザーも歴任）

【主な研究会委員等】
＊常時啓発事業のあり方等研究会　委員（平成 23 年 4 月　総務省選挙部）
＊障害者政策委員会　専門委員（選挙関係）（平成 24 年 9 月　内閣府政策統括官）
＊茅ヶ崎市住民投票制度検討委員会　委員（平成 26 年 8 月　茅ヶ崎市総務部）
＊福島市選挙事務改善委員会　委員長職務代理者
　（平成 27 年 2 月　福島市選挙管理委員会）
＊仙台市選挙事務不適正処理再発防止委員会　委員
　（平成 27 年 2 月　仙台市選挙管理委員会）
＊相模原市選挙事務不適切処理再発防止委員会　委員
　（平成 27 年 9 月　相模原市選挙管理委員会）
＊選挙争訟制度に関する検討会　委員
　（平成 27 年 11 月　総務省選挙部）
＊主権者教育の推進に関する有識者会議　委員
　（平成 28 年 12 月　総務省選挙部）
＊投票環境の向上方策等に関する研究会　委員
　（平成 29 年 12 月　総務省選挙部）
＊甲賀市選挙事務不適切処理再発防止委員会　委員長
　（平成 30 年 3 月　甲賀市選挙管理委員会）
＊インターネット投票に関する技術検討ワーキンググループ　委員
　（平成 30 年 5 月　総務省選挙部）
＊熊本市選挙事務における持ち帰り票事案等に係る調査検討委員会　委員
　（令和 2 年 4 月　熊本市選挙管理委員会）
【著作・論文】
シリーズ市町村の実務と課題 25「選挙管理委員会事務局」をはじめ、多数。

選挙管理事務におけるミス発生事例集 II

無断禁転 　　　　　　　　　　　　　令和 2 年 7 月 31 日発行

監修／小島勇人
編集・発行／株式会社 国政情報センター
発行人／中 島 孝 司
〒 150-0044 東京都渋谷区円山町 5-4 道玄坂ビル
電 話 　03-3476-4111
ＦＡＸ 　03-3476-4842
振替口座 　00150-1-24932

定価：本体 2,800 円（税別）　　落丁・乱丁本はお取替えいたします。
ISBN978-4-87760-316-8 C3031 ¥2800E